Ernst Dassmann

Herr, lehre uns beten!

Predigten zum Vaterunser

Borengässer ★ Bonn

ISBN 3-923946-35-X

Umschlaggestaltung: Springlane / R. Hirsch, Bonn, unter Verwendung einer Miniatur aus dem Codex Egberti (10. Jh.) HS 24, Stadtbibliothek Trier (mit freundlicher Genehmigung).
Gesamtherstellung: Druckerei R. Roth GmbH, Solingen

Printed in Germany 2000

Vorwort

Die hier vorgelegten Betrachtungen zum Vaterunser gehen auf Predigten zurück, die in der Pfarrkirche "Christi Auferstehung" in Bonn- Röttgen gehalten worden sind. Der Charakter des mündlichen Vortrags wurde weitgehend beibehalten. Auch Hinweise auf aktuelle Bezüge wurden nur getilgt, wenn es sich um Tagesereignisse gehandelt hatte.

Mannigfache Anregungen verdankt der Verfasser vor allem den Kirchenvätern, ebenfalls dem "Katechismus der Katholischen Kirche" (München 1993) sowie den Vaterunser-Meditationen von Romano Guardini und Reinhold Schneider.

Die seit längerem vergriffenen Predigten zum Vaterunser erscheinen nunmehr in neuer Auflage, um die zwischenzeitlich eingegangenen Nachfragen befriedigen zu können. Eine weitere Auflage in portugiesischer Sprache ist in Brasilien herausgekommen.

Wenn die Betrachtungen den Lesern geholfen haben, das Gebet des Herrn tiefer zu verstehen, macht es den Verfasser froh und dankbar. Das Vaterunser wird auch im kommenden Jahrtausend christliches Beten prägen.

Bonn-Röttgen Ernst Dassmann

Inhalt

1. *Das Gebet des Herrn*

I.

Oft wenn Jesus beten wollte, ging er in die Einsamkeit abseits auf einen hohen Berg oder in die Stille der Wüste. Er hat aber auch gebetet, wenn seine Jünger dabei waren. Und das scheint sie so beeindruckt zu haben, daß eines Tages einer der Jünger Jesus spontan bittet: *"Herr, lehre uns beten."* Es war wohl das Wichtigste, was ein Lehrer oder Prophet seinen Schülern vermitteln konnte: Die Kunst des Gebetes. Auch Johannes der Täufer hatte seine Jünger in dieser Kunst unterwiesen.

"Herr, lehre uns beten!" ist eine Bitte, die wir alle nachempfinden können. Was wäre es für ein Segen, so beten zu können, wie Jesus oder die Meister des Gebetes es vermochten, Augustinus oder Johannes von Gott, Theresia von Avila oder Edith Stein. Als Edith Stein einmal eine Nacht vor dem Allerheiligsten anbetend verbracht hatte, wurde sie am anderen Morgen gefragt, jetzt sei sie wohl sehr müde. Und sie soll geantwortet haben: "Wieso müde? Das Beten erfrischt mich!"

Beten müßte man können! Wir ahnen, nein, wir wissen es: Wieviel Spannungen, Sorgen, Unsicherheiten, tagtägliche Belastungen würden sich lösen, wenn wir alles im Gebet Gott anvertrauen könnten in dem Bewußtsein, daß wir wirklich in ein Gespräch mit ihm eintreten. Jede Menge Psychotherapie und Esoterik würde überflüssig, wenn Menschen betend mit Gott zu sprechen vermöchten.

Jesus läßt die Jünger nicht vergeblich bitten. Er antwortet ihnen: *"Wenn ihr beten wollt, so sprecht: 'Vater, dein Name werde geheiligt! Dein Reich komme! Gib uns täglich das Brot, das wir brauchen. Und vergib uns unsere Sünden; denn auch wir vergeben jedem, der in unserer Schuld steht. Und führe uns nicht in Versuchung!'"*

So lautet der Text beim Evangelisten Lukas (11, 2/4). Beim aufmerksamen Zuhören fällt auf, daß wir das Vaterunser normalerweise in einer anderen Form sprechen. Wir beten es so, wie es uns der Evangelist Matthäus in der Bergpredigt überliefert hat (Mt 6,9/13). Dort ist das Gebet etwas länger. Matthäus fügt nämlich noch die Bitten hinzu: *"Dein Wille geschehe wie im Himmel, so auf der Erde"* und *"Errette uns von dem Bösen"*. Damit kommt Matthäus auf die klassische Zahl eines Siebenbittengebetes, das wohl die ursprüngliche Form des Vaterunsers darstellen dürfte. Die Unterschiede der beiden Fassungen sind so zu erklären, daß alle Worte Jesu zunächst mündlich überliefert und erst viel später aufgeschrieben worden sind. Matthäus und Lukas sind verschiedenen Fassungen des Vaterunsers begegnet und haben sie so, wie sie die Worte gehört haben, in ihr Evangelium aufgenommen.

II.

Mit dem Vaterunser hat uns Jesus ein großes Geschenk gemacht. Auch wenn man mit Superlativen und Übertreibungen zurückhaltend sein soll, von diesem Gebet kann man wirklich sagen: Es ist unübertrefflich! Es atmet Jesu Geist, der der Geist Gottes ist. Ein Zeichen für den außergewöhnlichen Rang des Vaterunsers kann man schon darin erkennen, daß es noch keinerlei Abnützungserscheinungen aufweist, obwohl es schon so lange in Gebrauch ist. Seit Jahrhunderten haben sich zahllose Menschen mit ihren Anliegen und Hoffnungen in diesem Gebet wiedergefunden. Jesus hat es zuerst aramäisch gesprochen, Matthäus und Lukas haben es auf Griechisch überliefert; es ist dann ins Lateinische und in zahlreiche andere Sprachen übersetzt worden und hat alle diese Umformungen unbeschadet überstanden. Auf dem Ölberg in Jerusalem kann man in der Eleona-Kirche das Vaterunser auf Kachelwänden in zweiundsechzig verschiedenen Sprachen und allen möglichen Schriftzeichen aufgeschrieben sehen. In Wirklichkeit gibt es noch viel mehr Vaterunser-Versionen.

Das Vaterunser ist sofort in das persönliche Beten des einzelnen, aber auch in die Liturgie aufgenommen worden. In der Didache, einer kleinen frühchristlichen Kirchenordnung, die um das Jahr 100 entstanden ist, wird vorgeschrieben, es dreimal am Tag zu beten. Der heilige Bischof Ambrosius von Mailand empfiehlt, es jeden Tag morgens nach dem Aufstehen und abends vor dem Schlafengehen zu beten. In der Liturgie spielte das Vaterunser bei der Taufspendung eine Rolle und natürlich in der Eucharistiefeier. Sobald man die Bitte um das tägliche Brot eucharistisch deutete auf den Leib Christi, wurde das Vaterunser gleichsam das Tischgebet vor der Kommunion - und ist es bis heute geblieben.

Neben diesem vielfachen privaten und offiziellen Gebrauch haben wir auch zahlreiche Hinweise dafür, wie das Vaterunser ehrfürchtig behandelt wurde. Der heilige Augustinus bezeugt, daß den Katechumenen - also den Taufbewerbern - erst wenige Tage vor der Taufe der Text des Vaterunsers feierlich übergeben wurde. Er sollte durch Nichtgläubige nicht verunehrt werden. Das Vaterunser wie auch das Glaubensbekenntnis unterlagen der sogenannten Arkandisziplin, d.h. der Geheimhaltungspflicht gegenüber Nichchristen. Wurde früher vor der Liturgiereform des 2. Vatikanischen Konzils das Vaterunser in der Öffentlichkeit gebetet, z.B. bei einer Beerdigung draußen auf dem Friedhof, wurden nur die ersten und die letzten Worte laut gesprochen oder gesungen, alles andere wurde stumm gebetet. Das Vaterunser sollte nicht in der Öffentlichkeit profaniert werden.

Man hat aber auch im kirchlichen Bereich - sicher nicht mit Absicht, aber doch de facto - mit dem Vaterunser Mißbrauch getrieben, vor allem durch sein bedenkenloses Wiederholen. Wenn früher bei der Beichte als Buße zehn oder zwanzig oder noch mehr Vaterunser aufgegeben wurden (und entsprechend viele Gegrüßet seist du Maria), war das sicher nicht der Weisheit letzter Schluß. Noch heute soll der Priester zum Abschluß jeder Hore des Stundengebetes das Vaterunser beten. Auch hier ist die Gefahr gegeben, daß es ein Anhängsel wird und zur Routine erstarrt.

Seinen würdigsten Platz findet das Vaterunser in der heiligen Messe. Achten wir einmal darauf, wie sorgfältig es in die Liturgie eingebaut ist. Nach dem eucharistischen Hochgebet stehen alle Gläubigen auf, der Priester spricht eine kurze Einleitung, in der eigens darauf aufmerksam gemacht wird, daß jetzt etwas Besonderes geschieht: Weil Jesus uns so zu beten gelehrt hat, weil wir dem Wort unseres Herrn gehorsam sind, wagen wir, weil wir den Heiligen Geist empfangen haben, der uns zu Kindern Gottes macht, dürfen wir voll Vertrauen sprechen: *"Vater unser im Himmel"*.

Wenn das Vaterunser dann beendet ist, klingt es aus mit einem kurzen Gebet des Priesters, in dem die wichtigsten Bitten fortgeführt werden, und mit dem Gebet der ganzen Gemeinde: *"Denn dein ist das Reich und die Kraft und die Herrlichkeit in*

Ewigkeit. Amen". Das ist ein Zusatz, der ebenfalls schon in der Didache vorkommt, später nur noch in den reformatorischen Kirchen gebetet wurde und heute als Zeichen der Ökumene auch wieder in der Römischen Liturgie verwendet wird.

III.

Das Gebet des Herrn, das uns Christus geschenkt hat, ist ein kostbarer Schatz, den wir pflegen müssen. Es hat in der Christenheit unendlich viel Segen gestiftet. Oft ist es der letzte Gebetsfaden, der Menschen mit Gott verbindet, eine Notration, wenn alles andere verloren und vergessen ist. Auch Christen, die kaum noch eine Verbindung zur Kirche haben, die kaum oder gar nicht mehr am Leben der Gemeinde teilnehmen, können in der Stunde der Not noch mit diesen Worten beten. Wir wissen es von Kranken und Sterbenden: Wenn alle anderen Worte versagen oder vergessen sind, das Vaterunser können sie noch mitbeten, selbst wenn die Stimme schon gebrochen ist und die Sinne schwinden.

Und recht besehen, genügt dieses Gebet, denn in ihm ist das ganze Evangelium enthalten. Alles was wir von Gott erbitten können für uns, für andere und für die ganze Kirche läßt sich in dieses Gebet einschließen. Der heilige Thomas von Aquin nennt das Vaterunser einmal das vollkommenste Gebet, das es gibt. *"In ihm wird nicht nur um alles gebe-*

ten, wonach wir in richtiger Weise verlangen können, sondern auch in der Reihenfolge, in der wir danach verlangen sollen. So lehrt uns dieses Gebet nicht nur bitten, sondern formt auch unser Gemüt" (S.Th. 2-2,83,9).

Das Vaterunser bündelt das ganze Evangelium. Es auszulegen heißt, das ganze Evangelium auszulegen. Das wußte nicht nur Thomas. Alle Kirchenväter haben sich um die Auslegung des Vaterunsers gemüht. Wir besitzen Vaterunser-Erklärungen von dem großen Alexandriner Theologen Origenes (gest. 253/54), von den Nordafrikanern Tertullian (gest. nach 220) und Cyprian (gest. 258), von Augustinus (gest. 430) und Bernhard von Clairvaux (gest. 1153), auch von modernen Theologen und Schriftstellern, von Romano Guardini und Reinhold Schneider. Im Vaterunser verdichtet sich unser ganzer Glaube. Deshalb enden die großen klassischen Katechismen, nachdem sie das *Credo*, die Zehn Gebote und die Sakramente erklärt haben, regelmäßig mit einer Auslegung des Vaterunsers. Auch der vor zwei Jahren erschienene sogenannte Weltkatechismus hat diesen Brauch wieder aufgenommen.

Wenn das Vaterunser ein solcher Schatz ist, die Mitte des Evangeliums, die vollkommene Weise christlichen Betens, ist es sicher angebracht, sich um ein tieferes Verständnis dieses Gebetes zu mühen. Es soll in den nachfolgenden Überlegungen versucht werden.

2. *"Vater unser, der du bist im Himmel!"*

I.

Als die Jünger Jesus baten: *"Herr, lehre uns beten"*, hat er ihren Wunsch erfüllt. Sie sollen nicht beten wie die Heuchler, die aus dem Gebet eine Selbstdarstellung machen, sie sollen nicht beten wie die Heiden, die meinen, viele Worte machen zu müssen, wenn sie erhört werden wollen. Nein, wenn die Jünger beten, sollen sie sprechen: *"Vater unser, der du bist im Himmel!"*

Damit ist in aller Kürze angegeben, wer der ist, an den unser Gebet sich richtet. Es ist unser Vater - und der ist im Himmel. Versuchen wir, uns kurz zu vergegenwärtigen, was mit dieser Anrede gemeint ist, und auch der Spannung nachzuspüren, die in dieser Anrede steckt. Wir werden nichts hören, was wir nicht immer schon gewußt haben, aber wir sollten uns bewußt werden, daß das, was wir im Glauben wissen, alles andere als selbstverständlich ist.

II.

Schon das Wort "Vater" sprengt den Rahmen menschlichen Begreifens. Daß wir Gott, den wir als den Schöpfer Himmels und der Erde bekennen, Vater nennen dürfen, versteht sich ja nicht von selbst. Tertullian sagt einmal: *"Der Ausdruck 'Gott Vater' war nie jemand offenbart worden. Als Moses selbst Gott fragte, wie er heiße, wie er ihn anreden könne, bekam er einen anderen Namen zu hören [nämlich den Namen Jahwe]. Uns ist dieser Name geoffenbart worden im Sohn, denn im Namen 'Sohn' liegt bereits der neue Name 'Vater'"* (or. 3). Das ist genau beobachtet. Wenn wir Gott Vater nennen, ist immer auch der dreifaltige Gott mit eingeschlossen, denn der Schöpfergott ist Vater zunächst durch seinen Sohn, mit dem er verbunden ist im Heiligen Geist. Gott wird nicht Vater durch die Menschen, die er geschaffen hat. Gottes Vaterschaft ist ein innergöttliches Geheimnis, in das wir Menschen einbezogen werden.

Aus sich kennt, wie Jesus sagt, niemand den Vater, sondern nur der Sohn und dann erst der, dem der Sohn es offenbaren will. Weil wir, wiedergeboren im Heiligen Geist, zu Brüdern und Schwestern Christi geworden sind, wurden wir Kinder Gottes, den wir im selben Geist und mit Christus Vater nennen dürfen. Oder wie Paulus es in der ihm eigenen unnachahmlichen sprachlichen Dichte und Genauigkeit sagt: *"Als aber die Zeit erfüllt war, sandte Gott seinen Sohn, geboren von einer Frau und dem Gesetz unterstellt, damit er die freikaufe, die unter dem Gesetz stehen, und damit wir die Kindschaft erlangen. Weil ihr aber Söhne [und*

Töchter] seid, sandte Gott den Geist seines Sohnes in unser Herz, den Geist, der ruft: Abba, Vater" (Gal 4,4/6).

Wenn wir beten: *"Vater unser"*, ist das nicht nur eine fromme sinnbildliche Rede. Wir sind nicht nur Gottes Kinder, weil wir aus seiner Hand hervorgegangen sind; er ist nicht nur unser Vater, wie er der Vater aller Menschen, der Blumen und Tiere, ja der ganzen Welt ist. Seine Vaterschaft gründet tiefer; sie gründet im dreifaltigen Geheimnis Gottes, in das wir durch die Erlösung einbezogen worden sind. Wir besitzen die Kindschaft aus Gnade, nicht von Natur aus.

Daß wir in dieser nicht nur symbolischen, sondern sehr realistischen Weise Gott unseren Vater nennen dürfen, hat zwei Konsequenzen, die kurz angedeutet werden sollen: Einmal ergibt sich daraus eine innige Gottesnähe und Vertrautheit. Wir können Gott alles sagen; wir dürfen überzeugt sein, er hört uns. Jesus hat uns belehrt, wie sich der himmlische Vater uns gegenüber verhält. Wir brauchen uns nicht ängstlich zu sorgen, denn der himmlische Vater weiß, was wir nötig haben. Wenn wir klopfen, öffnet er, wenn wir bitten, empfangen wir von ihm. Wenn schon ein irdischer Vater seinem Sohn, der ihn um ein Ei oder einen Fisch bittet, keine Schlange oder einen Skorpion gibt, um wievielmehr wird der Vater im Himmel den Heiligen Geist denen geben, die ihn darum bitten. D.h. er wird uns vielleicht nicht geben, was wir uns vordergründig wünschen, aber bestimmt das, was wir nötig haben, wenn wir als seine Kinder leben wollen. Das ist mit dem Heiligen Geist gemeint.

Das führt uns zu der zweiten Konsequenz, die sich aus unserem Gottesverhältnis als ein Vater-Kindverhältnis ergibt: Wenn wir Gott unseren Vater nennen, müssen wir auch wie Söhne und Töchter Gottes leben. *"Seid barmherzig, wie auch euer himmlischer Vater barmherzig ist"*, mahnt uns Jesus im Evangelium (Lk 6,36). Johannes Chrysostomus predigt einmal: *"Ihr könnt euren Vater nicht den Gott alles Guten nennen, wenn ihr ein unmenschliches und grausames Herz behaltet. Denn in diesem Fall habt ihr nicht mehr das Kennzeichen der Güte des himmlischen Vaters in euch" (Hom. in Mt. 7,14,3).* Als Kinder in der Gottesfamilie tragen wir Verantwortung für alle. Nicht umsonst beten wir: *"Vater unser"*. Wir beten in der Gemeinschaft der Christen, wir beten mit allen und für alle Menschen, auch für die, die Gott als Vater noch nicht oder nicht mehr kennen, die Gott aber alle dereinst in seinem Haus versammeln will.

III.

Dieses Haus, unsere ewige Heimat, ist der Himmel, in dem Gott wohnt. Wir wissen, daß wir den Himmel nicht mißverstehen dürfen als einen Ort über den Wolken. Himmel bedeutet keine räumliche Entfernung. Der Himmel ist da, wo Gott ist. Viele Kirchenväter weisen darauf hin, daß der Himmel das Herz des Menschen sein kann, wenn denn Gott darin wohnt. So sagt Augustinus: *"Mit Recht werden die Worte 'Vater unser im Himmel' vom Herzen der Gerechten verstanden, in dem Gott wie in seinem Tempel wohnt. Darum wird der Beter, immer wenn er das 'Vater unser' betet, wünschen, daß Gott, den er anruft, wirklich in ihm wohnt"* (serm. Dom. 2, 5,17).

Darüber hinaus meint das *"im Himmel"* aber noch etwas anderes, das in Spannung steht zu der Anrede *"Vater unser"*, eine Spannung, die erhalten bleiben muß, wenn das Gebet nicht flach werden soll. Gott als Vater anzusprechen bedeutet, daß wir uns ihm voll Vertrauen nähern. Das Verhältnis Vater-Kind überwindet alle Distanz. Er ist uns nahe, er ist in allen Dingen und in allen Ereignissen - aber als der, der im Himmel thront. Damit ist gemeint, wir können ihn nicht vereinnahmen; wir können ihn uns nicht nach unserem Bild zurechtmachen. Himmel bedeutet die Weise, mit welcher der heilige Gott bei sich selbst ist. Er wohnt in unzugänglichem Licht; er übersteigt jedes Maß menschlichen Denkens. Himmel, das ist die göttliche Wirklichkeit jenseits unserer Erfahrung.

Gott im Himmel ist nicht nach dem Menschen, nach den Dingen, nach der Welt geschaffen. Trotzdem dürfen wir ihn, der sich selbst *"Ich bin, der ich bin"* (Ex 3,14) genannt hat, Vater nennen. Romano Guardini hat bei der Auslegung des *"Der du bist im Himmel"* gemeint, wir müßten wachsam sein, damit wir nicht der Versuchung erliegen, das Gottesbild umzuschaffen in Ähnlichkeit mit unserem eigenen Bild. Denn dann kommt es nicht mehr zu einer echten Begegnung mit dem freien Du Gottes, sondern der Mensch begegnet seinem eigenen Bild, hinaufgeworfen in die Wolken. Schon beim Wort *"Vater"* dürfen wir ja nicht vergessen, daß wir uns Gott nicht nach dem Bild des menschlichen Vaters vorstellen dürfen, als ob er nicht auch Mutter wäre, als ob er in seinem Gottsein nicht alle menschlichen Grenzen, auch die des Geschlechtes, übersteigen würde. Wenn wir beim Vaterunser das *"im Himmel"* nicht vergessen, sagen wir damit: Dich will ich, Gott, so wie du bist in dir selbst, auch wenn ich dich nicht begreife, nicht begreife in deinem Wesen, oft auch nicht begreife in deinem Handeln. Du trittst in mein Leben, souverän und unverfügbar, du, den ich dennoch Vater nennen darf.

Der eigentliche Inhalt des Vaterunsers sind die sieben Bitten, über die wir im folgenden nachdenken wollen. Hier ging es darum, uns dem zu nähern, an den wir unsere Bitten richten dürfen. Es galt, den Raum zu öffnen, in dem unser Beten sich ereignet. Es erfordert Mut und Ehrfurcht und viel kindliches Vertrauen zu sprechen: *"Vater unser im Himmel"*.

3. *"Geheiligt werde dein Name!"*

I.

Die erste Bitte des Vaterunsers lautet: *"Vater, geheiligt werde dein Name!"* Wenn man davon ausgeht, daß in einem Gebet das Wichtigste am Anfang steht - oder auch ganz am Schluß -, dürfen wir annehmen, daß die Heiligung des Gottesnamens Jesus ein besonderes Anliegen gewesen ist. Fragen wir als erstes nach der Bedeutung des Namens Gottes und sodann nach der Weise, wie er geheiligt werden muß.

Normalerweise dient der Name dazu, das Charakteristische eines anderen Wesens zu bezeichnen. Als Adam im Paradies war, führte Gott ihm die Tiere des Feldes zu, damit er ihnen einen Namen gebe und so ihr Wesen bestimme. Ähnliches vermag der Name Gottes nicht zu leisten. Gottes Wesen bleibt unergründlich.

Mit dem Namen verbindet sich häufig die Vorstellung, Macht über einen anderen zu besitzen. Wenn ich den Namen kenne, kann ich jemanden rufen. In den Religionen hat das oft dazu geführt, Götternamen in Beschwörungsformeln und Zaubertexte einzufügen, um so Gott zwingen zu können, der eigenen Seite zu helfen und dem Feind zu schaden. Wir kennen Zauberpapyri und Amulette auch mit dem verstümmelten oder verfremdeten jüdischen Gottesnamen: Jao oder Jeu. Im offiziellen Gottesdienst Israels war es natürlich streng verboten, magische Praktiken anzuwenden.

Lange Zeit besaß Israel überhaupt keinen Gottesnamen. Wenn man unter den vielen Göttern den bezeichnen wollte, den man verehrte, sprach man vom *"Gott der Väter"*. Erst Mose wurde der Gottesname geoffenbart in dem bekannten Ereignis am brennenden Dornbusch. Weil Mose das Volk aus Ägypten herausführen soll, braucht er eine Legitimation. Darum sagt er zu Gott: *"Wenn ich zu den Kindern Israels komme und zu ihnen spreche: 'Der Gott eurer Väter hat mich zu euch gesandt', und sie mich dann fragen werden: 'Wie heißt er'?, was soll ich ihnen dann antworten? Gott entgegnete dem Mose: 'Ich bin, der ich bin!'. Er fuhr fort: 'So sollst du zu den Israeliten sprechen: Der 'Ich bin' hat mich zu euch gesandt'"*. Das ist der Name Gottes, daß er ist, so wie er es sein will. Der Gottesname Jahve, d.h. "Ich bin, der ich bin", bedeutet, daß Gott nicht nur unverfügbar existiert im allgemeinen Sinn eines höchsten und unendlich vollkommenen Seins, sondern daß er da ist für sein Volk Israel. Eigentlich ist Jahve gar kein Name, sondern eher die Verweigerung des Namens. Dennoch hat Israel ihn ehrfürchtig gehütet und in der Folgezeit sogar vermieden, den Gottesnamen Jahve auszusprechen. Lieber nannten sie Gott Adonai oder Herr oder Allerhöchster. Später gab es den Brauch, daß der

Hohepriester einmal im Jahr, am Versöhnungstag, den Gottesnamen Jahve feierlich anrufen durfte. Das zweite der Zehn Gebote hatte sich dem Volk tief eingeprägt: *"Du sollst den Namen des Herrn, deines Gottes, nicht unnütz aussprechen!"* (Ex 20,7).

II.

Eine viel größere Deutlichkeit und Nähe erreicht die Offenbarung des Gottesnamens in der Verkündigung Jesu. Im Hohenpriesterlichen Gebet des Johannes-Evangeliums spricht Jesus: *"Vater, die Stunde ist da. Verherrliche deinen Sohn, damit der Sohn dich verherrlicht ... Ich habe deinen Namen den Menschen offenbart, die du mir aus der Welt gegeben hast"* (17,6). Jesus hat uns den Vaternamen Gottes geschenkt. So sollen wir sprechen, wenn wir beten wollen: *"Vater unser im Himmel!"* Jesus hat uns diesen Namen Gottes bekannt gemacht - wie es wiederum im Hohenpriesterlichen Gebet heißt -, *"damit die Liebe, mit der du mich geliebt hast, in ihnen ist und damit ich in ihnen bin"* (17,26).

Aber auch in Jesus selbst offenbart sich der Name Gottes. Jesus, d.h. "Gott rettet", ist uns als ganz neue und ungeahnte Möglichkeit geschenkt worden, Gott anrufen zu können. So wie Jesus den Namen des Vaters bekannt gemacht hat, so hat der Vater dem Sohn einen Namen gegeben, *"der größer ist als alle Namen, damit alle im Himmel, auf der Erde und unter der Erde ihre Knie beugen vor dem Namen Jesu, und jeder Mund bekennt: 'Jesus Christus ist der Herr' zur Ehre Gottes des Vaters"* (Phil 2,9/11). Und Petrus bezeugt vor dem Hohen Rat in Jerusalem: *"In keinem anderen Namen ist Heil zu finden, denn uns Menschen ist unter dem Himmel kein anderer gegeben, durch den wir gerettet werden könnten"* (Apg 4,12). Auch in der Offenbarung des Johannes werden alle die aus den Drangsalen der Endzeit gerettet, die Jesu Namen und den seines Vaters auf der Stirn tragen (Offb 14,1).

Gott trägt einen großen Namen; sein Name ist herrlich auf der ganzen Erde. Besonders die Psalmen werden nicht müde, den Namen Gottes zu preisen und hoch zu erheben. Ihn zu heiligen, d.h. ihm seine Herrlichkeit zu lassen und die Ehre zu erweisen, die ihm gebührt, ist der Inhalt der ersten Vaterunser-Bitte.

III.

Wenn wir nun fragen, an wen sich die Aufforderung richtet, wer für die Erfüllung der Heiligungsbitte zuständig ist, müssen wir - um ein fundamentales Mißverständnis zu vermeiden - als erstes sagen: Gott selbst sorgt für die Heiligung seines Namens. Daß sein Name groß bleibt unter den Völkern, daß er nicht vergessen wird und untergeht, hängt zunächst nicht von uns Menschen ab. In einer

Präfation unserer Meßliturgie heißt es: *"Gott, unser Lobpreis kann deine Größe nicht mehren, doch uns bringt er Segen und Heil durch unseren Herrn Jesus Christus"*. In einem Kirchenlied singen wir: *"Die Sonne ist des Himmels Ehr!"* und meinen damit, daß die gesamte Schöpfung, deren unvorstellbare Größe und Komplexität uns die Naturwissenschaften immer mehr ahnen lassen, Gottes Größe bezeugen. Die Cherubim und Seraphim im Himmel und alle die anderen unzählbaren Chöre der Engel, von denen wir uns kaum eine Vorstellung machen können, tun nichts anderes, als Gottes Namen hoch zu erheben. Als Jesus - nach dem Johannes-Evangelium - in seiner letzten öffentlichen Rede bittet: *"Vater, verherrliche deinen Namen! Da kam eine Stimme vom Himmel: 'Ich habe ihn schon verherrlicht und werde ihn wieder verherrlichen'"* (12,28). Nicht wir können Gott groß machen. Gott ist nicht das Ergebnis menschlicher Bedürfnisse nach einem göttlichen Wesen, das dem Maß menschlichen Verlangens entspricht.

Erst wenn diese Reihenfolge klar ist, muß dann aber auch gesagt werden, daß Gott uns an der Heiligung seines Namens beteiligt. Wenn wir eben sagten: Die ganze Schöpfung, die kleinsten Atome ebenso wie die unendlichen Räume, verkündet die Herrlichkeit Gottes, so stimmt doch auch, daß wir Menschen dieses Lob ins Bewußtsein heben und in Worte fassen können. Der Mensch kann die mächtige Melodie der Schöpfung erklingen lassen und zu

Gott emportragen. Wenn das nicht geschieht, wenn nicht alle Werke der Schöpfung lobend auf Gott zurückbezogen werden, machen sie sich selbständig; was Abbild der Herrlichkeit Gottes ist, wird zum Urbild, das in sich selbst gründen will. Wo Welt und Menschen nicht mehr auf die Heiligkeit Gottes bezogen werden, beginnen die Gesetze des Bösen zu wirken. Wenn die Heiligung des Namens Gottes verstummt, tritt nicht absolute Stille ein, sondern es erheben sich die Stimmen der Lästerung. Wenn nicht mehr Gottes Heiligkeit das Tun des Menschen ausrichtet, wird die Welt zur Beute dämonischer Kräfte.

Daß Gott selbst seinen Namen heiligt, daß die Schöpfung ihn lobt und die Chöre der Engel ihn verherrlichen, geschieht unausweichlich auch ohne unser Zutun. Im Vaterunser sollen wir darum bitten, daß Gottes Name durch uns geheiligt werde. Gott ist in menschliche Sprache eingegangen und hat seinen heiligen Namen uns anvertraut - oder auch preisgegeben. Wir können Gottes Namen heiligen oder lästern; wir können ihn ehrfürchtig, anbetend, aber auch zweifelnd, gedankenlos aussprechen. Heute hat man oft den Eindruck, daß Menschen mit dem Namen Gott umgehen, wie mit einer abgegriffenen Münze. "Du lieber Gott", "o mein Gott", "Gott sei Dank", solche Redewendungen sind in aller Munde, nicht weil man Gott verehren, wahrscheinlich nicht einmal weil man ihn schmähen will. Man sagt den Namen nur so dahin.

Das Vaterunser mahnt uns, sorgsam mit dem Namen Gottes umzugehen, uns wirklich um ihn zu sorgen. Wir erleben seine Schutzlosigkeit und seine Heimatlosigkeit in unserer Welt. Nur durch uns wird er glaubhaft bezeugt unter den Menschen. Es hängt von unserem Gebet und von unserem Leben ab, ob Gottes Name unter den Menschen bekannt bleibt und unter den Völkern geheiligt wird. In diesem Zusammenhang sagt der Kirchenschriftsteller Tertullian: *"Wenn wir sagen: 'Geheiligt werde dein Name', bitten wir, daß er in uns geheiligt werde, die wir ihm angehören, sowie auch in den anderen, auf welche die Gnade Gottes noch wartet ... Deshalb bitten wir nicht ausdrücklich: 'Geheiligt werde dein Name in uns', denn wir bitten, daß er in allen Menschen geheiligt werde"* (or. 3).

4. *"Dein Reich komme!"*

I.

Wichtiger als das Verstehen ist beim Beten des Vaterunsers das Tun. Das Vaterunser muß nicht nur in seinem theologischen Gehalt verstanden, es muß vor allem gebetet werden. Wobei das Beten wiederum nicht nur eine Angelegenheit des Kopfes ist, kein rein geistiger Vorgang, sondern Tun des ganzen Menschen. Man sollte mit Leib und Seele beten. Knieen oder Stehen, das Falten oder Erheben der Hände kann die Intensität des Gebetes unterstützen. Es ist nicht nur ein bildlicher Vergleich, wenn man sagt, Beten sei das Atmen der Seele. Der Atemrhythmus kann wirklich den Gebetsrhythmus unterstützen. Auch das Singen kann die innere Beteiligung beim Gebet verstärken.

Trotzdem wollen wir hier bei unseren Überlegungen das Hauptgewicht auf das Verstehen des Textes legen. Das Beten aus ganzem Herzen und mit ganzem Gemüt muß jeder für sich allein vollziehen. Hier können wir nur Gedanken sammeln und Auslegungen vortragen, die unser Beten befruchten können.

II.

Die zweite Vaterunser-Bitte, die jetzt bedacht werden soll, ist besonders inhaltsreich. Sie betrifft ein Grundanliegen Jesu. Man könnte sogar sagen, sie stellt die Mitte seiner Verkündigung dar. Als Jesus mit seiner Predigt in Galiläa beginnt, lautet das erste Wort, das der Evangelist Markus überliefert: *"Die Zeit ist erfüllt, das Reich Gottes ist nahe. Kehrt um, und glaubt an das Evangelium"* (1,15). Was meint Jesus mit dem Reich Gottes? *Basileia* - wie es im Griechischen heißt - könnte man auch mit "Königreich" oder "Königsherrschaft" übersetzen. Die Anwesenheit des Reiches Gottes bedeutet, daß Frieden und Gerechtigkeit und alle die Gaben, die seit den prophetischen Verheißungen mit der Gottesherrschaft verbunden werden, voll und ganz und ungefährdet auf Erden herrschen.

Was wäre wohl geschehen, wenn die Menschen damals auf Jesus gehört hätten und umgekehrt wären? Wäre dann schon eingetreten, was die Propheten in leuchtenden Farben von der Endzeit verkündet hatten, wenn Gottes Herrschaft und Herrlichkeit sichtbar auf die Erde herniedersteigen würden? Daß Eintracht herrschen würde zwischen den Völkern und die Schwerter umgeschmiedet würden in Pflugscharen? Daß Friede walten würde in der ganzen Schöpfung zwischen Menschen und Tieren und den Tieren untereinander? Daß ein kleines Kind mit der giftigen Natter spielen könnte und das Schaf sich lagern neben dem Raubtier (Jes 11,6/8)? Wir wissen es nicht, denn die Frohbotschaft Jesu wurde nicht angenommen.

Noch warten wir auf das endgültige Offenbarwerden des Gottesreiches. Das bedeutet jedoch nicht, es wäre noch nichts geschehen. Anzeichen und Hinweise für seine Anwesenheit gibt es in Fülle. Jesus selbst weist immer wieder darauf hin: Das Reich des Bösen, das herrscht durch Sünde und durch Tod, ist bereits in seinem Kern getroffen; seine Macht ist gebunden. *"Wenn ich die Dämonen durch den Finger Gottes austreibe, dann ist das Reich Gottes schon zu euch gekommen"* (Lk 11,20). Weil das Reich Gottes schon wirksam ist, vergibt Jesus den Menschen ihre Sünden, heilt er sie von ihren Krankheiten und löst sie von dämonischer Besessenheit.

Mit Jesus ist das Reich Gottes schon da; zugleich muß es noch kommen, indem die Menschen es ergreifen und sich ihm öffnen. Jesus wird nicht müde, in Gleichnissen davon zu reden und mit jedem neuen Gleichnis eine neue Eigenschaft dieses Reiches ansichtig zu machen. Denken wir an das Gleichnis vom Schatz im Acker. Einer, der den Schatz findet, verkauft alles, was er besitzt, und kauft den Acker, damit der Schatz ihm gehört. Etwas Besseres konnte ihm nicht geschehen. Ebenso ist es mit dem Kaufmann, der kostbare Perlen sucht.

Er gibt alles für die eine Perle hin. Das Gottesreich ist etwas unendlich Kostbares; es lohnt sich, alles dafür zu geben (Mt 13,44/6). Wieder ein anderes Mal vergleicht Jesus das Gottesreich mit einem Senfkorn. Es ist klein und unscheinbar, und doch enthält es eine außerordentliche Lebenskraft (Mt 13,31f). Äußerlich könnte es scheinen, als ob das Gottesreich ein Nichts ist unter all den anderen mächtigen, lauten und gewalttätigen Wirklichkeiten in dieser Welt. Trotzdem steckt in ihm eine große Kraft der Entfaltung. Menschen spüren sie, wenn sie dem Reich Gottes Raum geben. Vor allem die Heiligen haben immer wieder bewiesen, was alles zum Guten verändert werden kann, wenn die Gesetze des Gottesreiches in die Tat umgesetzt werden.

Es gibt auch Gottesreichgleichnisse, die einen sehr ernsten Hintergrund haben, wie z.B. das Gleichnis vom Fischnetz. Die Fischer ziehen es an Land und werten den Fang aus. Die guten Fische tragen sie heim, die schlechten und die ungenießbaren werfen sie fort (Mt 13,47f). Das Reich Gottes kommt zu vielen, es umfängt und sammelt zahlreiche Menschen. Aber nicht alle sind geeignet. Nur die guten werden behalten; die schlechten werden ausgeschieden.

Auch das ebenfalls ernst gestimmte Gleichnis vom Unkraut im Acker darf nicht verschwiegen werden (Mt 13,24/30). Lange Zeit kann man das Unkraut nicht vom Weizen unterscheiden. Darum muß man beides wachsen lassen und darf nicht zu früh mit dem Ausreißen beginnen, sonst könnte man den guten Weizen mit dem Unkraut vernichten. D.h. das Reich Gottes wächst heran in dieser Weltzeit. Es umfaßt Menschen verschiedenster Art. Oft läßt sich nicht unterscheiden, wer innerlich zum Reich Gottes gehört und wer nicht. Erst muß die Zeit der Ernte am Ende dieser Weltzeit kommen, ehe offenbar wird, wer zum Reich Gottes gehört. Heute können wir noch nicht wissen, wie weit das Reich Gottes schon herangereift ist, ob es sich auf dem Vormarsch befindet, ob es stagniert oder ob es im Augenblick sogar zurückgedrängt wird.

Alfred Loisy, ein Bibelkritiker des vergangenen Jahrhunderts, hat einmal - ein wenig bitter oder hämisch - sinngemäß gesagt: Jesus verkündete das Reich Gottes und es kam die Kirche. Er meint damit: Was ist aus dem Evangelium geworden, nachdem Menschen sich seiner bemächtigt haben. Macht und ungerechter Reichtum, Ehrgeiz und Neid, alle die Bosheiten, die in Jesu Gottesreich überwunden sein sollten, haben sich in der Kirche breit gemacht.

Etwas Richtiges ist sicherlich daran an diesem bitteren Wort: Und es kam die Kirche! Die Kirche ist noch nicht das Reich Gottes; sie darf sich darum auch nicht mit ihm gleichsetzen. Das Reich Gottes ist noch im Kommen. Gott führt es herauf, wenn die Zeit erfüllt ist. Und wir müssen - so schwer es uns auch fällt - darauf verzichten, bestimmen zu wollen, wie weit es schon herangekommen, wie erfolgreich oder wie chancenlos es im Augenblick ist.

III.

Es ist besonders heute wichtig, sich daran zu erinnern. Wenn wir um uns schauen, könnte es ja so scheinen, als ob sich im Augenblick die Königsherrschaft Gottes überall auf dem Rückzug befindet. Gottes Gebot erweist sich weithin als ohnmächtig. Er selbst scheint im Augenblick zum Abschuß freigegeben zu sein. Eine Partei im Deutschen Bundestag will den Paragraphen 166 abschaffen, der die Verhöhnung und Beleidigung religiöser Werte verbietet. Es gibt eine Kunstszene, die sich auf die Verhöhnung des Kreuzes spezialisiert hat. Und Richter glauben, solchen Unflat rechtfertigen zu müssen wegen der Freiheit der Meinungsäußerung. Das Kreuz hat es im Augenblick insgesamt schwer. Das Bundesverfassungsgericht verbietet es, ein Kruzifix in öffentlichen Schulen aufzuhängen - zunächst in Bayern, aber die anderen Bundesländer werden folgen müssen. Das Kruzifixverbot hat inzwischen heftige juristische Kritik erfahren. Es kann sogar etwas Gutes bewirken, wenn es uns dazu bringt, über unser eigenes Verhältnis zum Kreuz - wie wir mit ihm umgehen, wie wir es verehren oder vernachlässigen - ernsthaft nachzudenken.

Andere Veränderungen in unserer Gesellschaft vollziehen sich geräuschloser. So wurde der § 218 geändert und zum ersten Mal in unserem Land die straffreie Abtreibung gestattet. Viele Parlamente, die die Wertvorstellungen ihrer Gesellschaften widerspiegeln, haben mehrheitlich beschlossen: Nicht mehr Gott der Herr, sondern wir bestimmen, ab wann menschliches Leben Schutz erfahren soll und ein Recht auf Entfaltung besitzt. Weitere Anmaßungen werden folgen. Auf vielen Gebieten schwindet das Rechtsempfinden in unserer Gesellschaft nicht nur bei Kriminellen und Chaoten, sondern bis in feinste Kreise hinein, wenn es um Ehrlichkeit, Treue und Unbestechlichkeit geht.

Befindet sich das Reich Gottes auf dem Rückzug? Wenn wir uns erinnern, was Jesus vom Gottesreich gesagt hat - wie es heranwächst, wen es ergreift, daß es unscheinbar aussieht wie ein Samenkorn, unbedeutend wie ein Stückchen Sauerteig, das man im großen Teig nicht wiederfindet, das ihn dennoch ganz durchsäuert und dem Brot, wenn es gebacken ist, den richtigen Wohlgeschmack gibt -, dann müssen wir darauf verzichten, eine Antwort geben zu wollen. Wir müssen uns bewußt bleiben, daß sich das Wachsen des Gottesreiches vom Fortschritt der menschlichen Kultur unterscheidet und auch nicht gesellschaftlichen Niedergängen unterworfen ist. Wir sollen durchaus zur Kenntnis nehmen, was um uns herum geschieht, wenn nötig gegensteuern, dem Guten dienen, so gut wir es vermögen. Aber wirklich beurteilen können wir vieles nicht. Gott lenkt die Geschichte auch in unseren Tagen und führt seine Königsherrschaft herauf, wenn ihre Zeit gekommen ist. Bis es soweit ist, muß das Reich Gottes Gestalt gewinnen in unserem eigenen Inneren; seine Merkmale, Friede und Gerechtigkeit, müssen in unserem Herzen wirksam sein. Bischof Cyrill von Jerusalem mahnt seine Taufbewerber: *"Nur eine reine Seele kann mit Zuversicht sprechen: 'Dein Reich komme'. Wer auf das Wort Pauli hört: 'Die Sünde soll euren sterblichen Leib nicht mehr beherrschen', wer sich in seinem Handeln, Denken und Reden rein hält, kann zu Gott sagen: 'Dein Reich komme'"* (catech.myst. 5,13).

Verlangen sollen wir nach dem Gottesreich, uns nach ihm sehnen, damit das Dunkel der Zeit sich erhellt, alle Zweifel behoben werden, Gott nicht länger geschmäht und sein Gebot nicht mehr mißachtet wird - nicht nur von anderen, vor allem auch von uns. Verlangen sollen wir nach ihm und immer wieder rufen und beten: *"Dein Reich komme!"*

5. *"Dein Wille geschehe, wie im Himmel so auf Erden!"*

I.

Die letzte der drei die göttlichen Dinge betreffenden Bitten des Vaterunsers zielt auf die Erfüllung des Willens Gottes. Worum handelt es sich bei diesem Willen Gottes, um den man bitten muß, weil er etwas Kostbares und Heiliges ist? Zunächst könnte man an die Gebote denken, in denen Gottes Wille sich ausspricht. Was Gottes Wille von uns fordert, ist die Befolgung des Sittengesetzes. Wenn wir unsere Pflicht tun, entsprechen wir dem göttlichen Willen. Nun sind Sittengesetz und Pflicht gewiß hohe Dinge, um deren Erfüllung wir uns bemühen müssen, aber der Wille Gottes ist mit ihnen noch nicht vollständig erfaßt. Das wird schnell klar, wenn wir statt: *"Dein Wille geschehe!"* beten würden: Das Sittengesetz werde erfüllt, oder die Pflicht werde getan! Gottes Wille muß mehr sein als sich in Geboten und Gesetzen ausdrücken läßt; es muß etwas sein, das lebendiger und uns näher ist.

Schaut man in die Heilige Schrift, verbindet sich der Wille Gottes in der Tat nicht nur mit der Forderung nach Gebotserfüllung. Und wenn schon Gebote mit ihm verbunden werden, dann ist es vor allem das eine, in das sich Gottes Wille zusammenfassen läßt, wie er uns von Jesus verkündet worden ist: *"Ein neues Gebot gebe ich euch: Liebt einander! Wie ich euch geliebt habe, so sollt auch ihr einander lieben. Daran werden alle erkennen, daß ihr meine Jünger seid, wenn ihr einander liebt"* (Joh 13,34f).

An vielen anderen Stellen spricht die Heilige Schrift dagegen nicht von dem, was Gottes Wille von uns verlangt, sondern was er uns schenken will. So ist es der Wille Gottes, *"daß alle Menschen gerettet werden und zur Erkenntnis der Wahrheit gelangen"* (1 Tim 2,4). Darum ist Gott geduldig mit den Menschen, *"weil er nicht will, daß jemand zugrunde geht, sondern daß alle sich bekehren"* (2 Petr 3,9). Der Wille Gottes ist an diesen Stellen wesentlich Heilswille.

Am eindringlichsten hat das der Epheserbrief ausgeführt, wenn er sagt: *"Gott hat uns in Liebe dazu bestimmt, seine Kinder zu werden ... und nach seinem gnädigen Willen zu ihm zu gelangen zum Lob seiner herrlichen Gnade. Durch sie hat er uns mit aller Weisheit und Einsicht reich beschenkt und hat uns das Geheimnis seines Willens kundgetan, wie er es gnädig im voraus bestimmt hat: Er hat beschlossen, die Fülle der Zeiten heraufzuführen; in Christus alles zu vereinen, was im Himmel und auf Erden ist, wie er es in seinem Willen beschlossen hat"* (1,5/11). Der Gedankengang dieses Textes ist nicht einfach; zur Erklärung müßte man vieles anführen. Hier mag es genügen, darauf hinzuweisen, daß in diesen paar Sätzen dreimal eigens der Wille Gottes genannt wird - und der hat immer damit zu tun, daß Schöpfung, Welt und Menschen heil werden sollen. Für uns kommt alles darauf an, daß dieser Wille Gottes sich auf Erden verwirklicht; nur so kommt die Welt zu ihrem Ziel; nur so gelangen wir Menschen zu unserer Vollendung.

Das Ziel ist nicht unerreichbar, denn der Wille des himmlischen Vaters wurde durch Christus ein für alle Mal erfüllt. *"Ja, ich komme, deinen Willen, Gott, zu tun"*, spricht Jesus beim Eintritt in diese Welt (Hebr 10,7), und beim Gebet in der Stunde der Todesangst erneuert er noch einmal seine Bereitschaft, wenn er darum bittet: *"Vater, nicht mein, sondern dein Wille soll geschehen"* (Lk 22,42). Wenn wir uns an Christus anschließen und im Sakrament mit ihm verbunden sind, *"werden wir aufgrund dieses Willens durch die Opfergabe des Leibes Christi ein für allemal geheiligt"* (Hebr 10, 10). Mit Jesus verbunden und in der Kraft des Heiligen Geistes kann auch unser Leben in den Willen Gottes einschwingen. Wenn wir Christus anhängen, *"können wir mit ihm ein einziger Geist werden und dadurch seinen Willen erfüllen; so wird dieser auf Erden wie im Himmel vollkommen erfüllt"* (Origenes, or. 26).

II.

Mit der Bestimmung des Willens Gottes als Heilswillen, der durch den Gehorsam Christi unwiderruflich wirksam geworden ist, erhebt sich nun aber ein schwieriges und von der Theologie wohl nie ganz zu lösendes Problem: Wenn Christus uns auffordert, zu beten, daß Gottes Wille geschieht, dann ist darin die Möglichkeit eingeschlossen, daß dieser Wille auch unerfüllt bleiben kann. Wir werden ja nicht aufgefordert, Gott anzurufen, die Sonne möge aufgehen. Die Erfüllung des Willens Gottes, so wie er im Vaterunser verstanden ist, versteht sich also nicht von selbst; sie ist gefährdet und kann auch unterbleiben.

Es gibt offensichtlich Willensäußerungen Gottes von unterschiedlicher Qualität. Daß die Sonne aufgeht, die Gestirne kreisen, die Natur sich nach bestimmten Gesetzen verhält, ist auch Gottes Wille. Im Rahmen des Naturgeschehens hat er die Gestalt der Notwendigkeit. In dem sehr viel höheren Bereich von Erlösung und Gnade, gibt es den Zwang der Notwendigkeit nicht. Hier muß der Mensch mitwirken. Das schließt ein, daß er sich auch verweigern kann. Er kann die Erkenntnis der Wahrheit zurückweisen; er kann die Ordnung der Gerechtigkeit zerstören. Alle die wirklichen Werte: Treue, Mut, Geduld, Großherzigkeit, ebenso die göttlichen Gaben der Gnade: Glaube, Liebe, Demut, Heiligkeit, sie setzen sich nicht mit naturhafter Notwendigkeit durch. Alle die Früchte des Geistes im Reich Gottes sind angefochten und können zerstört werden.

Warum ist das so? Warum funktioniert der Wille Gottes im niedern Bereich der Naturgesetze, warum funktioniert er nicht auf der viel höheren Ebene von Friede, Gerechtigkeit und Liebe? Wir stoßen hier an das Geheimnis der Freiheit. Gott kann die Sonnen kreisen lassen, aber nicht die Liebe des Menschen erzwingen. Täte er es, wäre diese Liebe nicht mehr freie Antwort des Menschen auf Gottes Ruf. Es ist ein Grundgesetz geistiger Kommunikation: Je mehr ich will, um so mehr Freiheit muß ich gewähren. Ein Vorgesetzter kann den Gehorsam eines Untergebenen - wenn nötig mit Gewalt - durchsetzen. Eltern können die Liebe ihrer Kinder nicht gewaltsam einfordern. Wer den ganzen Menschen will - Herz, Verstand und Gemüt, nicht nur seine Unterwerfung, seine Arbeitskraft, seine nur äußerliche Zustimmung - macht sich ohnmächtig, ohnmächtig wie Jesus am Kreuz. Da Gott nicht nur den Gehorsam des Knechtes will, sondern die Zuneigung von Söhnen und Töchtern, muß er die Allmacht seines Willens zurücknehmen.

III.

Heißt das nun, daß es ausschließlich an uns liegt, ob sich Gottes Wille in dieser Welt durchsetzen kann? In gewisser Weise schon, aber doch auch wieder nicht - kurzschlüssig in dem Sinn verstanden, als ob wir dafür sorgen müßten, daß Gott in der Welt und bei den Menschen am Ende doch noch zum Zuge kommt. Achten wir einmal auf den feinen Unterschied: Christus lehrt die Jünger im Vaterunser nicht, den Willen Gottes zu tun und für seine Durchsetzung zu sorgen, sondern er lehrt sie beten, darum zu bitten, daß Gottes Wille geschehe. Nicht sie selbst, nicht wir, sondern Gott soll seinen Willen geschehen lassen, und zwar: *"wie im Himmel so auf Erden"*. Gottes Wille im Himmel: Dort verwirklicht er sich in seinem eigenen dreifaltigen Leben; dort erfüllt er sich im Lobpreis der Engel und Seligen. Im Himmel vollzieht sich Gottes Wille völlig ungefährdet - trotzdem nicht mit Zwang wie ein Naturgesetz, sondern in völliger Freiheit, die ungefährdet und unzerstörbar ist.

Daß sich Gottes Heilswille auf Erden ebenso unwiderstehlich verwirklicht, darum sollen wir beten. Wie das möglich ist, daß Menschen den Willen Gottes hindern können, weil Gott seinen Willen nicht erzwingt, sondern dem Menschen Freiheit läßt, weil ohne sie ein Kindschaftsverhältnis zwischen ihm und den Menschen nicht möglich ist, daß Gott aber trotzdem dafür sorgen soll, daß sein Wille geschieht *"wie im Himmel so auf Erden"*, d.h. ungehindert und widerstandslos, ohne daß die Freiheit aufgehoben wird, wie beides möglich ist, vermögen wir nicht mehr zu sagen. Da versagt unsere Logik. Was nicht auf unsere persönliche beschränkte Einsicht zurückzuführen ist. An diesem Punkt verschlingen sich auch die Gedanken des heiligen Augustinus zu einem unlösbaren Knoten, obwohl er sein ganzes Leben über die Frage des Zusammenwirkens von Gottes Gnade und der Freiheit des menschlichen Willens nachgedacht hat. Wie Gottes Gnadenwille und Menschenfreiheit zusammenkommen, hat er nicht zu sagen vermocht. Leuten, die angaben, eine plausible Antwort zu wissen, entgegnete er: *"Du suchst nach dem Grund, ich schaudere vor dem Abgrund. Denk du nur vernünftig, ich staune; disputiere du, ich glaube; ich sehe den Abgrund und kann den Grund nicht erreichen"* (Tract.Ioan. 19,7).

Wenn es Augustinus nicht gelungen ist, dieses Problem zu lösen, brauchen wir uns auch nicht länger damit zu plagen. Denken wir daran, was wir schon häufiger gesagt haben: Wichtiger als das Verstehen ist das Tun. Darum beten wir mit großem Vertrauen: *"Dein Wille geschehe wie im Himmel so auf Erden."* Wenn sich diese Bitte erfüllt, dann treffen sich Himmel und Erde, dann ist Gottes Reich gekommen, dann vollendet sich Gottes Heilsratschluß an uns, dann werden Himmel und Erde und wir alle so sein, wie wir seit Ewigkeit in Gottes Plan und Ratschluß leben.

6. *"Unser tägliches Brot gib uns heute!"*

I.

Auf vielerlei Weise haben die Ausleger des Vaterunsers versucht, dem Aufbau dieses Gebetes, seiner inneren Struktur und damit seinem eigentlichen Anliegen auf die Spur zu kommen. Man hat z.B. darauf hingewiesen, daß sich die sieben Bitten des Vaterunsers aus drei und vier zusammensetzen. Die ersten drei sind auf Gott und den Himmel ausgerichtet: Geheiligt werde dein Name - dein Reich komme - dein Wille geschehe, die letzten vier auf den Menschen und seine Bedürfnisse: Das tägliche Brot - die Vergebung der Schuld - die Bewahrung vor der Versuchung - und die Befreiung vom Bösen.

Oder man hat gesagt, die ersten drei Bitten spiegelten die göttlichen Tugenden wider, die vier letzten Bitten die vier Kardinaltugenden.

Die ersten drei Bitten sind auch trinitarisch gedeutet worden: Die Heiligung des Namens meint den Vater, das Reich, das kommen soll, ist das Reich Christi, des Königs, und der göttliche Wille verwirklicht sich im Heiligen Geist. Wobei - wie die drei göttlichen Personen nur der eine Gott sind - auch die drei Bitten im Grunde nur eine einzige Bitte meinen, denn Gottes Name wird geheiligt, wenn das Reich Christi kommt, in dem der göttliche Wille geschieht wie im Himmel so auf der Erden.

Ob solche Überlegungen und Zahlenspiele viel bringen und das Beten erleichtern, mag dahingestellt bleiben. Immerhin zeigen sie, auf wievielen Wegen man versucht hat, den Reichtum des Vaterunsers aufzuschließen.

II.

Nach den ersten drei Bitten, die unseren Blick auf Gott gelenkt haben, kommen wir nunmehr zur ersten Bitte des zweiten Teils: *"Unser tägliches Brot gib uns heute!"* Diese Bitte verstehen wir sofort auf den ersten Blick; sie ist schlicht und nüchtern und bittet um das, was wir zum Leben brauchen. Fragen könnte man sich höchstens, warum sie so formuliert ist, wie sie uns im Vaterunser begegnet.

Daß wir um Brot bitten, ist unschwer einzusehen. Brot steht für den Lebensunterhalt schlechthin. Im Brot ist alles eingeschlossen, was der Mensch braucht, um sein Leben fristen zu können. In anderen Ländern und Kontinenten können Reis oder Fisch oder Fleisch das tägliche Brot bedeuten.

Etwas schwieriger ist das "Heute" zu verstehen. Es hält uns an, nicht darum zu bitten, daß wir immer genügend Brot haben, sondern nur um das Brot für heute, d.h. für die Tagesration. Wir sollen nicht beten um Vorrat, sondern um das Bestehen des Augenblicks.

Warum diese Einschränkung? Ein jüdischer Rabbi wurde einmal gefragt, warum die Israeliten bei ihrem Zug durch die Wüste immer nur so viel Manna fanden, daß es für einen Tag reichte; warum kam nicht Manna für ein ganzes Jahr auf einmal herab? Der Rabbi antwortete mit einem Gleichnis: Ein König hatte einen Sohn. Er setzte ihm seinen Unterhalt für das ganze Jahr fest, und der Sohn begrüßte das Angesicht seines Vaters nur einmal im Jahr. Da machte sich der Vater auf und setzte den Unterhalt des Sohnes für jeden Tag einzeln fest. Dafür begrüßte der Sohn das Angesicht seines Vaters von nun an täglich. Die Geschichte enthält viel Wahres. Heute, bei uns zu Lande, wo viele Menschen keine Sorgen um das tägliche Brot haben, weil es im Überfluß vorhanden ist, vergessen viele, das Angesicht Gottes zu begrüßen. Sie vergessen nicht nur das Tischgebet bei den Mahlzeiten, sie kennen es überhaupt nicht mehr. Bitte und Dank bei Tisch sind weithin aus der Übung gekommen.

Nun läßt sich natürlich nicht leugnen, daß für uns die Sorge um das tägliche Brot - wenigstens im Augenblick - tatsächlich nicht aktuell ist. Wir haben genug zu essen. Bei ein wenig Nachdenken wird aber schnell klar, daß damit die Bitte des Vaterunsers nicht überholt ist. Brot meint ja nicht nur Brot, sondern alles, dessen wir bedürfen. Und das ist eine ganze Menge. Jesus selbst hat uns so etwas wie einen Kommentar zur Brot-Bitte gegeben, als er uns mahnte: *"Sorgt euch nicht um euer Leben, daß ihr etwas zu essen habt, noch um euren Leib, daß ihr etwas anzuziehen habt. Wer von euch kann mit all seiner Sorge sein Leben auch nur um eine kleine Zeitspanne verlängern? Wenn Gott die Vögel des Himmels ernährt und die Lilien des Feldes kleidet, um wieviel mehr dann euch, ihr Kleingläubigen! Sorgt euch also nicht um morgen; der morgige Tag wird für sich selbst sorgen. Jeder Tag hat genug an seiner eigenen Plage"* (Mt 6,25/34).

Jesus ermuntert die Jünger, sich in einem umfassenden Sinn der Vorsehung Gottes anzuvertrauen, nicht auf die Vernunft, auf eine von Menschen erdachte Weltordnung, auf irgendein selbsterfundenes Programm oder auf einen selbstgemachten Plan zu setzen, sondern darum zu bitten, daß die Güte des himmlischen Vaters dem Jünger das gibt, was er braucht, um den heutigen Tag zu bestehen. Sie sollen dieses Vertrauen auch dann nicht verlieren, wenn der gegenwärtige Tag dunkel ist und die Zukunft geradezu schwarz erscheint.

Hier zeigt sich wieder, daß das Vaterunser ein Gebet ist, das nur ein gläubiger Mensch sprechen kann. Gott um das tägliche Brot zu bitten, heißt ja nicht nur, darum zu beten, heute satt zu werden, sondern davon überzeugt zu sein, daß Gott für uns sorgt, auch wenn wir meinen, verlassen zu sein; es bedeutet, aus dem Glauben heraus zu leben, daß mir Gott Tag für Tag bis an mein Ende geben kann und geben wird, was ich brauche, um das Leben bestehen zu können. Viele Tage mag ein solches Vertrauen problemlos vorhanden sein. Es soll mich aber tragen in jeder Situation, auch dann, wenn ich am Boden liege und keinen Ausweg mehr sehe. Daß wir so auf Gottes Vorsehung setzen, ist der umfassende Sinn der vierten Vaterunser-Bitte. Nicht wir müssen letztlich für uns sorgen. Wir sollen nach dem Reich Gottes suchen, das zuerst und vor allem, dann wird uns alles andere hinzugegeben werden. Der heilige Bischof Cyprian von Karthago ist überzeugt: *"Denen, die nach dem Reiche und der Gerechtigkeit Gottes trachten, soll nach seiner Verheißung auch alles andere zuteil werden. Denn da alles Gott gehört, wird es dem, der Gott hat, an nichts fehlen, wenn er es selbst Gott gegenüber an nichts fehlen läßt"* (Dom.orat. 21).

III.

Man braucht nicht lange nachzudenken, um zu bemerken, welche Aktualität die vierte Vaterunser-Bitte für jeden gläubigen Christen besitzt, der es wagt, sein Leben ganz und gar auf Gott zu gründen. Neben seiner existentiellen Bedeutung für mich persönlich umfaßt die Bitte aber noch weitere Gesichtspunkte, die wenigstens kurz erwähnt werden sollen.

Eben wurde schon darauf hingewiesen, daß die Bitte um das tägliche Brot für viele von uns nicht aktuell zu sein scheint, weil wir - zumindest vordergründig - gut versorgt sind. Aber das gilt wirklich allein für uns hier und heute. Nur wenige hundert Kilometer entfernt von unserer Heimat, nur wenige zehn Kilometer entfernt von den Badeorten, in denen deutsche Touristen Urlaub machen, in bosnischen Städten und Dörfern, hängt das Vorhandensein des täglichen Brotes davon ab, ob ein Hilfskonvoi durchkommt oder ein Versorgungsflugzeug landen kann. Viele Menschen - vor allem alte und ganz junge - sind in den letzten Kriegsjahren und Kriegswintern im ehemaligen Jugoslawien verhungert oder an Unterernährung gestorben. Die Krisengebiete können wechseln, die Not bleibt. Und sie weitet sich ins Unermeßliche, wenn wir weiter in die Ferne schauen in die Hunger- und Dürre- und Elendsgebiete der Welt. Überall fehlt es am täglichen Brot. Nicht weil es insgesamt auf der Welt zu wenig Korn gäbe, sondern weil wir es nicht fertigbringen, die Güter dieser Welt gerecht zu verteilen. Sollten wir nicht mit aller Inbrunst, mit aller Dringlichkeit um das tägliche Brot bitten können, wenn wir an die Not der Menschen in der Welt denken?

Die Brotbitte des Vaterunsers lautet nicht: Mein tägliches Brot gib mir heute, sondern: *"Unser tägliches Brot gib uns heute"*. Das weist hin auf die Gemeinschaft aller Menschen, mit denen wir als Geschöpfe und Kinder desselben Gottes solidarisch sind. In dieser Dimension des Betens bekommt die Bitte um das tägliche Brot einen ähnlichen Klang wie die Bitten um das Reich Gottes und die Erfüllung des Willens Gottes *wie im Himmel so auf Erden,* bei denen wir wissen, daß Gott schenken und herbeiführen muß, was wir nicht schaffen können. Unser tägliches Brot und Gottes Vorsehung müssen für alle reichen - auch für die Hungernden und die Verhungerten! Nur mit einem sehr starken Glauben kann man darauf hoffen, daß es einen Sinn hat, in dieser Weise um das tägliche Brot zu bitten: Daß Gott willens ist, es allen zu geben, und in seinem Reich dereinst alle satt werden.

Darüber ließe sich noch vieles sagen. Ebenso über zwei andere Aspekte der Brotbitte, die hier ebenfalls nur noch kurz genannt werden sollen, damit wir spüren, wie vielfältig und tiefgründig jede der Vaterunser-Bitten verstanden werden muß.

Der erste Aspekt kommt in den Blick, wenn wir uns an das Wort Christi erinnern: *"Der Mensch lebt nicht vom Brot allein, sondern von jedem Wort, das aus dem Munde Gottes kommt"* (Mt 4,4). Wenn das stimmt, dann leiden viele Christen bei uns an beängstigender Unterernährung; dann droht vielen Menschen eine Magersucht, die sie den Hunger schon gar nicht mehr spüren läßt. Wir alle können gar nicht genug bitten: Gott, gib uns dein Wort, das wir so notwendig für den Tag brauchen! Schon im 8. Jahrhundert v. Chr. hatte der Prophet Amos geweissagt: *"Siehe, es kommen Tage - Spruch des Gebieters und Herrn -, da sende ich Hunger ins Land, nicht Hunger nach Brot, nicht Durst nach Wasser, sondern nach dem Hören des Gotteswortes" (8,11).* Gott hat uns den Tisch des Wortes reich gedeckt. Bitten müssen wir darum, daß uns der Hunger nicht verlorengeht.

Der zweite Aspekt zeigt sich, wenn wir daran denken, daß das wahre Brot, das vom Himmel kommt und der Welt Leben gibt, die heilige Eucharistie ist. Die Kirchenväter nennen sie Speise und Arznei der Unsterblichkeit. Um sie und um ihre heilenden Kräfte zu bitten, gehört ebenfalls in die Brotbitte des Vaterunsers. Als Jesus die Hungrigen speiste, bekamen sie Brot im Überfluß. Zwölf Körbe übrig gebliebener Stückchen sammelten die Jünger, nachdem alle satt geworden waren. Auch das eucharistische Brot geht nie aus. Wir müssen nur dafür sorgen, daß uns sein Geschmack nicht schal wird, weil wir Herz und Gemüt mit vergänglichen Gütern angefüllt haben.

Das Brot des Wortes und das Brot der Eucharistie sind die Speise, die uns in dieser Erdenzeit am Leben erhält. Der heilige Augustinus hat es in einer Predigt einmal so ausgedrückt: *"Die Eucharistie ist unser tägliches Brot. Dieser göttlichen Speise eignet die Kraft der Einigung: sie vereint uns mit dem Leib des Herrn und macht uns zu seinen Gliedern, damit wir das werden, was wir empfangen ... Dieses tägliche Brot ist auch in den Lesungen, die ihr jeden Tag in der Kirche anhört, in den Hymnen, die ihr anhört und die ihr singt. Alles das benötigen wir für unsere Pilgerschaft"* (sermo 57,7,7). Noch plastischer predigt Petrus Chrysologus (gest. 450): Christus *"selbst ist das Brot, das in die Jungfrau gesät, im Fleisch durchsäuert, im Leiden geknetet, im Ofen des Grabes gebacken, in der Kirche aufbewahrt und auf dem Altar geopfert wird. Dieses Brot teilt er Tag für Tag den Gläubigen aus als eine himmlische Nahrung"* (sermo 67).

7. *"Und vergib uns unsere Schuld, wie auch wir vergeben unseren Schuldigern!"*

I.

Die zweite der auf uns Menschen abzielenden Vaterunser-Bitten ist die vielleicht schwierigste des ganzen Herrengebetes - nicht so sehr schwierig, sie zu verstehen, sondern sie sich zu eigen zu machen. Es ist die einzige Bitte im Vaterunser, die Jesus anschließend noch einmal aufgreift und kommentiert. Sofort nach der letzten Bitte: *"Und erlöse uns von dem Bösen"*, fährt er nämlich fort: *"Denn wenn ihr den Menschen ihre Verfehlungen vergebt, dann wird euer himmlischer Vater auch euch vergeben. Wenn ihr aber den Menschen nicht vergebt, dann wird auch euer Vater eure Verfehlungen nicht vergeben"* (Mt 6,14f).

Schon kurz vorher hatte Jesus auf die Verbindung zwischen Vergebungsbedürftigkeit und Vergebungsbereitschaft im Zusammenhang mit den Bedingungen für rechtes Opfern hingewiesen, indem er seine Jünger eindringlich mahnte: *"Wenn du deine Opfergabe zum Altar bringst [um Sündenvergebung zu erlangen] und dir dabei einfällt, daß dein Bruder etwas gegen dich hat, so laß deine Gabe dort vor dem Altar liegen; geh und versöhne dich mit deinem*

Bruder, dann komm und opfere deine Gabe" (Mt 5,23f). Bischof Cyprian von Karthago kommentiert: *"Gott nimmt das Opfer unversöhnlicher Menschen nicht an und schickt sie vom Altar weg, um sich zuvor mit ihrem Bruder auszusöhnen, damit sie dann durch ihre friedfertigen Bitten auch bei Gott Frieden finden. Das schönste Opfer in Gottes Augen ist es, wenn Friede und Eintracht unter uns herrschen und wenn das Volk in der Einheit des Vaters und des Sohnes und des Heiligen Geistes verbunden ist"* (Dom. orat. 23).

Der Zusammenhang zwischen dem Verlangen nach Vergebung und der Bereitschaft zur Vergebung ist so wichtig, daß er bereits im Text des Vaterunsers selbst hergestellt wird. Die Bitte nach Vergebung ist die einzige, die schon im Gebet mit einer Bedingung verknüpft wird: *"Vergib uns unsere Schuld, wie auch wir vergeben unseren Schuldigern"*. Das eine gibt es nicht ohne das andere.

Man kann diesen Gedanken noch vertiefen, wenn man sich daran erinnert, wie eindringlich Jesus in vielen Gleichnissen davon spricht, daß nur die eigene Vergebungsbereitschaft die Vergebung der eigenen Schuld ermöglicht - so im Gleichnis vom unbarmherzigen Knecht. Der schuldete seinem Herrn die unvorstellbar große Summe von 10000 Talenten. Welchen Wert diese Summe besitzt, läßt sich erahnen, wenn man damit das Jahreseinkommen von Herodes dem Großen vergleicht, das etwa 900 Talente betrug, oder das Steueraufkommen von ganz Galiläa in Höhe von etwa 200 Talenten. Diese Riesenschuld wurde dem Knecht erlassen, der nun aber nicht seinerseits barmherzig ist, sondern darauf besteht, daß ein ihm untergebener Mitknecht wegen einer Schuld von 100 Denaren - der Tageslohn für einen Arbeiter betrug einen - ins Gefängnis geworfen wird. Der Ausgang der Geschichte ist bekannt. Der unbarmherzige Knecht wird den Folterknechten übergeben. Und Jesus zieht den Schluß: *"Ebenso wird mein himmlischer Vater jeden von euch behandeln, der seinem Bruder nicht von Herzen vergibt"* (Mt 18, 35).

In eine ähnliche Richtung zielt das Gleichnis vom verlorenen Sohn. Die Versöhnung des jüngeren Sohnes mit dem Vater verläuft problemlos. Nachdem der Sohn sein Unrecht eingesehen und sich aufgemacht hat, um dem Vater seine Schuld zu bekennen - *"Vater ich habe gesündigt vor dem Himmel und vor dir"* (Lk 15,21) -, bereitet die Versöhnung zwischen Vater und Sohn keine Schwierigkeiten. Die beginnen erst mit dem älteren Bruder, der es nicht über sich bringt, seinerseits seinem Bruder zu vergeben.

Warum eigentlich verbindet Jesus die Vergebung, die wir von Gott erbitten, so eng mit der, die wir dem Mitmenschen gewähren sollen? Die Vergebungsbitte des Vaterunsers hat zwei Schwierigkeiten gegen sich. Die erste besteht darin, daß es uns im normalen Alltag nur schwer gelingt, uns vor Gott wirklich schuldig zu fühlen. Die Sprache verrät schon diese Unfähigkeit. Wenn es hoch kommt, "fühlen" wir uns schuldig; so richtig überzeugt davon sind wir nicht.

Die zweite Schwierigkeit besteht darin, daß es uns sehr schwerfällt, einem anderen, der sich gegen uns verfehlt hat, wirklich von Herzen zu verzeihen. Vielleicht lassen sich beide Schwierigkeiten besser überwinden, wenn wir uns den inneren Zusammenhang zwischen den beiden Teilen der Vergebungsbitte klarmachen.

II.

Wir sagten: Zum ersten fällt es uns schwer, uns in unserem alltäglichen Verhalten vor Gott wirklich schuldig zu fühlen. Wahrscheinlich spüren wir das deutlich beim Bußakt am Beginn der heiligen Messe. Da bleibt unser Sündenbekenntnis leicht ein Lippenbekenntnis. Gewiß, wir sind nicht vollkommen; wir haben unsere Schwächen und Eigenheiten, aber daß Gott ständig beleidigt sein soll, weil wir manches nur unvollständig zustandegebracht oder auch nur versäumt haben, das will uns nicht so recht eingehen. Warum muß uns Gott überhaupt unsere Schuld vergeben und wie geschieht das?

Schuldvergebung kann einen sehr verschiedenen Charakter haben. Wenn jemand ein staatliches Gesetz übertritt, dann ist der Staat deswegen nicht beleidigt. Er vergibt allerdings auch nicht die Schuld, sondern setzt eine Strafe fest, die abbezahlt werden muß, damit dem Recht Genüge geschieht. Vergebung durch Strafaussetzung wäre unsinnig und würde die Verbindlichkeit der Gesetze bald aushöhlen.

Schuld auf sich laden, die vergeben werden kann und nicht bestraft werden muß, kann man nicht im Geltungsbereich der Gerechtigkeit, sondern nur im Wirkbereich der Liebe. Hier schuldig zu werden bedeutet, die Zuneigung, das Vertrauen einer anderen Person zu verletzen. Wobei es sich tatsächlich um eine Verletzung handelt, die nicht durch Strafe oder äußerliches Tun wiedergutgemacht werden kann.

Vergebung ist etwas anderes als Schadensersatz. Wenn ich einem anderen geschadet habe - absichtlich oder unabsichtlich -, dann kann der andere darauf bestehen, daß ihm der Schaden ersetzt wird; er kann auf die Wiedergutmachung jedoch auch verzichten. Mit Verzeihen oder Vergeben hat der Vorgang im Grunde nichts zu tun. Wenn ich dagegen einen anderen gekränkt oder verleumdet oder sein Vertrauen mißbraucht habe, dann kann ich einen aus meinem Fehlverhalten entstandenen Schaden vielleicht wieder in Ordnung bringen, trotzdem bleibt eine Verletzung bestehen, die weder durch

Schadensersatz noch durch Strafe geheilt werden kann, sondern nur durch Vergebung. Vergebung ist immer da notwendig, wo Menschen persönlich miteinander verbunden sind. Je enger die Beziehungen, je tiefer Menschen einander lieben, um so notwendiger wird bei Verfehlungen die Bereitschaft zur Vergebung. Schuldig werden und verzeihen können spielen vor allem in der Familie, bei Freunden, gegenüber Bekannten und Kollegen eine Rolle. Wenn jemand im Supermarkt stiehlt, muß er den angerichteten Schaden bezahlen. Damit ist aus der Sicht des Inhabers die Sache erledigt. Wenn ein Kind seine Eltern betrügt, ist mit der Rückgabe längst nicht alles in Ordnung gebracht. Ohne Reue auf der einen und Verzeihung auf der anderen Seite bleibt das Verhältnis gestört. Im Hinblick auf unsere Mitmenschen haben wir wohl schon alle die Erfahrung von Schuld und Vergebung gemacht - positiv und negativ -, indem wir schuldig geworden sind oder Schuld vergeben haben.

Was wir aus der Vergebungsbitte des Vaterunsers lernen müssen, ist, daß uns Gott nicht in der Funktion eines Gesetzgebers und Rechtswahrers gegenübersteht, sondern als Freund und Vater. Gott ist nicht aus irgendwelchen unerfindlichen Gründen wegen unserer Sünden beleidigt, sondern weil er an unserem Leben Anteil nimmt wie Eltern an dem Wohlergehen ihrer Kinder. Unsere Sünden betrüben Gott, weil sie sich selbstzerstörerisch gegen uns selbst richten. Aus diesem Grund stören sie auch unsere Beziehung zu Gott. Daß Gott sein Verhältnis zu uns als so nah und innig betrachtet, ist natürlich ein Geheimnis des Glaubens. Aber wir sagten schon häufiger: Das Vaterunser ist ein Jüngergebet, ein Gebet der Gläubigen, Außenstehenden sagt es nichts.

III.

Damit kommen wir zu der zweiten Schwierigkeit, von der zuvor gesprochen wurde. Wenn Erfahrung und Verständnis menschlicher Schuld und Vergebung helfen können, unsere Schuld vor Gott und die Notwendigkeit göttlicher Vergebung besser zu verstehen, sollte uns die Bereitschaft Gottes, uns immer wieder zu verzeihen, helfen, auch unsererseits unseren Mitmenschen aufrichtig zu vergeben - was uns bekanntlich oft sehr schwer fällt. Wir müssen vergeben *"von ganzem Herzen"* (Mt 18,35). Anders wird unser Herz hart und undurchdringlich für die Barmherzigkeit Gottes. Es liegt nicht in unserer Macht, eine Schuld nicht mehr zu spüren. Manchmal kann man nicht vergessen, aber vergeben kann ein menschliches Herz, das sich dem Wirken des Heiligen Geistes öffnet.

Daneben gibt es auch einige gute praktische Regeln, die uns das Vergeben erleichtern können. Nur ein paar seien genannt:

1. Man sollte nichts aufbauschen. Angesichts des Splitters im Auge des anderen dürfen wir den Balken im eigenen nicht vergessen.
2. Man sollte selbstkritisch und demütig bleiben und nicht sagen, so etwas könnte mir nie passieren.
3. Man sollte vorsichtig im Urteilen und Verurteilen sein. Was einer als Schuld des anderen ansieht, braucht gar keine Schuld zu sein.
4. Man sollte über den persönlichen Tellerrand schauen. Wie die Schuld nicht nur dem einzelnen, sondern der ganzen Gemeinschaft schadet, so nützt das Verzeihen nicht nur dem Schuldner, sondern ebenfalls allen.

Wir müssen immer wieder um die Kraft und die Großmut beten, einander verzeihen zu können. Wir müssen vorsichtig sein beim Richten, damit wir nicht gerichtet werden. Es bleibt eine lebenslange Bitte und eine immerwährende Herausforderung: *"Herr, vergib uns unsere Schuld, wie auch wir vergeben unseren Schuldigern"*.

8. *"Und führe uns nicht in Versuchung!"*

I.

Das Vaterunser ist kein harmloses Gebet. Es läßt uns Gott voller Vertrauen Vater nennen, aber es unterschlägt nicht die andere Seite Gottes, die nicht mit Menschenmaß gemessen werden kann und ihn unserer Beurteilung entzieht. Darin liegt die Spannung dieses Gebetes, daß es denjenigen als Vater anruft, der im Himmel ist und alles menschliche Begreifen übersteigt. In dieser Spannung steht auch die vorletzte Bitte des Vaterunsers: *"Und führe uns nicht in Versuchung!"*

Oberflächlich betrachtet könnte man ja meinen: Gott, der nur das Gute will, kann doch unmöglich einen Menschen versuchen, er ist doch kein Fallensteller; niemals kann er die Sünde des Menschen wollen. Darum muß Gott den Menschen vor der Sünde bewahren und ihm eine Versuchung, in der er fallen könnte, ersparen. So sagt denn auch der Jakobusbrief: *"Keiner sage, wenn er versucht wird: Ich werde von Gott versucht. Gott kann nicht zum Bösen versucht werden, und er versucht selbst auch niemand."*

Es ist richtig: Gott versucht nicht zum Bösen, jedenfalls nicht, damit Böses geschieht. Aber das schließt nicht aus, daß er die Versuchung zuläßt. Im Hebräischen und Griechischen bedeutet das Wort, das wir mit "versuchen" übersetzen, soviel wie: einen Versuch machen, erproben. Das ist zunächst wertfrei gemeint. Jeder Sportler, jedes Kind in der Schule, jeder Mensch im Beruf, wir alle werden immer wieder auf die Probe gestellt. Man kann an den Herausforderungen, an den Proben, die das Leben stellt, wachsen, man kann an ihnen aber auch zerbrechen. Nur ganz fehlen können sie nicht. Sie sind zunächst weder mit guten, noch mit bösen Absichten verbunden, sondern neutral.

Die Bibel unterscheidet nun aber zwischen solchen Kräften, die mit der Erprobung des Menschen gute, und andere, die mit ihr schlechte Absichten verbinden. Damit tritt die Versuchung aus der Wertfreiheit heraus und wird selbst gut oder böse. Wenn Gott den Menschen versucht, will er ihn auf die Probe stellen, damit er sich bewähre. Wenn der Teufel den Menschen versucht, will er ihn zur Sünde verführen. Für beide Versuchungen bietet die Heilige Schrift viele Beispiele.

So wird Abraham versucht, d.h. auf die Probe gestellt, als ihm befohlen wird, seinen Sohn Isaak zu opfern. Auf dem Wüstenzug wird das Volk Israel von mancherlei Plagen heimgesucht, um seinen Gehorsam den Weisungen Gottes gegenüber zu beweisen. Und auch der Jakobusbrief, der zuvor betont hatte, daß Gott niemand zum Bösen versucht, bekennt: *"Seid voll Freude, wenn ihr in mancherlei Versuchung geratet. Ihr wißt, daß die Prüfung eures Glaubens Ausdauer bewirkt. Die Ausdauer aber soll zu einem vollendeten Werk führen; denn so werdet ihr vollendet sein, und es wird euch an nichts mehr fehlen"* (1,2).

Zahlreich sind aber auch die Stellen - und wir können sie darum nicht einfach verschweigen -, in denen der Teufel zum Bösen verführt, bzw. in denen er von Gott die Möglichkeit erhält, Menschen zu versuchen. Es sei an den Anfang der Heiligen Schrift erinnert, wo berichtet wird, wie die Schlange Adam und Eva zum Ungehorsam gegen Gott verleitet. Auch Hiob wird verführt, Gott anzuklagen wegen der Unglücksfälle, die über ihn hereinbrechen. Breit und dramatisch erzählt die Heilige Schrift vor allem die Versuchung Jesu. Der Teufel führt ihn auf die Zinne des Tempels und auf einen hohen Berg; er verspricht ihm alle Herrlichkeiten der Welt, wenn Jesus den Weg des Gehorsams gegenüber seinem himmlischen Vater verläßt und den Teufel anbetet.

II.

"Und führe uns nicht in Versuchung!" Welchen Inhalt hat diese Bitte, wenn wir zugeben müssen und die Heilige Schrift es vielfach bezeugt, daß es

die Erprobung unseres Glaubens und unseres Gehorsams durch Gott gibt und die Verführung zur Sünde durch die Kräfte des Bösen von Gott nicht verhindert wird? Bedeutet die Bitte: Gott soll uns zwar erproben, aber er soll uns nicht über unsere Kraft versucht werden lassen? Wenn schon die Möglichkeit, Böses tun zu können, nicht ausgeschlossen werden kann, dann möge Gott uns wenigstens helfen, daß wir in der Versuchung nicht erliegen?

Das ist sicher mit der Bitte gemeint - aber darüber hinaus noch mehr. Eine Versuchung ist nicht immer eindeutig. Gutes und Böses stehen sich nicht in jedem Fall gegenüber wie Schwarz und Weiß. Es gibt zwischen Hell und Dunkel viele Grautöne. Die Heilige Schrift weiß, daß sich der Teufel in einen Engel des Lichts kleiden kann. Was wir vielleicht im Tiefsten spüren, daß wir dabei sind, aus Leidenschaft oder Trägheit, aus Auflehnung oder Anpassung eine falsche Entscheidung zu treffen, umgibt sich häufig im Augenblick der Ausführung mit so vielen scheinbar guten Gründen, daß der Raum zu einer wirklich freien Entscheidung eng wird.

Auch hierfür bietet die Heilige Schrift ein eindringliches Beispiel. Der jüdische König Saul hatte ein Heer gegen die Philister gesammelt und drängte darauf, losschlagen zu können. Der Zeitpunkt ist günstig, die israelitischen Krieger sind hochmotiviert; aber die Stimmung kann umschlagen, denn der Feind holt auf. Doch Saul darf den Kampf nicht beginnen, denn der Prophet Samuel hatte geboten, zu warten, bis er kommen und das Opfer an Jahve vollziehen würde. Als sich Samuels Kommen verzögert, wächst die Spannung. Saul verliert die Nerven und befiehlt, mit dem Opfer zu beginnen. Da erscheint der Prophet und bringt ihm den Spruch Gottes: Weil Saul nicht auf Gott vertraut hat, wird er verworfen. Er hat die Probe nicht bestanden (1 Kg 13,8/14).

So etwas kann geschehen. Man will an und für sich nichts Böses tun. Aber die Situation zieht sich so zusammen, daß die Versuchung übermächtig wird. Unter diesen Umständen würde die Vaterunser-Bitte dann bedeuten: Gott, bewahre uns vor solchen Verstrickungen! Du hast das Recht, uns in die Entscheidung zu führen, auch in die Gefahr des Versagens, die damit verbunden ist, aber, Herr, gedenke unserer Schwäche, gedenke, daß wir nur Menschen sind! Die Bitte wäre dann ein demütiger Appell an Gottes Nachsicht und Milde.

III.

Doch wir sind noch nicht am Ende. Denken wir daran, daß eine Versuchung nicht ein einzelner, isolierter Vorgang ist. Eine Versuchung heute wächst heraus aus dem, was sich an Fehlverhalten und Versäumnissen in der Vergangenheit angesammelt hat. Was aus Trägheit oder Leichtsinn, aus

Unbeherrschtheit oder Eigensucht bei vielen Kleinigkeiten falsch gelaufen ist, verdichtet sich irgendwann einmal zu einer Versuchung, die über unsere Kraft geht. Es wäre unsinnig, so etwas leugnen zu wollen. Es wäre ebenso unsinnig zu fordern, Gott dürfe so etwas nicht zulassen. Wenn wir wollen, daß wir frei sind in der Gestaltung unseres Lebens, daß wir verantwortlich sind nicht nur für die einzelne Handlung, sondern auch für die Richtung, die wir unserem Leben geben, werden wir Gott zugestehen müssen, daß er uns gewähren läßt. Wir können dann nicht an seiner Gerechtigkeit zweifeln, sondern müssen auf seine Barmherzigkeit vertrauen. Gottes Geduld ist unerschöpflich. Er kann uns erwarten am Ende einzelner Fehlentscheidungen und am Ende langer Irrwege. Die Bekehrungsgeschichten großer Heiliger berichten davon. Origenes schreibt: *"Gott will das Gute nicht aufzwingen, er will freie Wesen ... Auch die Versuchung hat ihr Gutes. Niemand außer Gott weiß, was unsere Seele von Gott erhalten hat, nicht einmal wir selbst. Aber die Versuchung bringt es an den Tag, um uns zu lehren, uns selbst zu erkennen und so unser Elend zu entdecken, und um uns zu verpflichten, für all das Gute zu danken, das die Versuchung uns aufgedeckt hat"* (or. 29).

Und noch ein Gedanke muß erwogen werden - sehr behutsam, denn hier läßt sich nicht mehr forsch argumentieren, sondern wir können nur noch vorsichtig einige Fragen stellen. Schon Paulus hat sie angesprochen, als er im 9. Kapitel des Römerbriefes über die Erwählung Israels nachdenkt und ihn der Gedanke quält, daß sein eigenes Volk Israel nicht zum Glauben an den Messias gefunden hat. Wer hat das so gefügt? Paulus kann nicht anders - wenn er Gott nicht einfach ohnmächtig zuschauen lassen will -, als zu sagen: Es war Gottes Vorherbestimmung, es war sein Wille. Doch warum wird Jakob gesegnet und Esau verworfen, warum verstockt Gott das Herz des Pharao, so daß die Plagen über Ägypten hereinbrechen? Die Antwort lautet: Wir wissen es nicht. Gott erbarmt sich, wessen er sich erbarmen will, und macht verstockt, wen er verstocken will! Ist Gott dann aber noch gerecht? Paulus macht sich selbst den Einwand: Wie kann Gott anklagen, wenn niemand seinem Willen zu widerstehen vermag (19)? Darauf gibt es keine vernünftige Antwort mehr, die unserer Logik genügen würde. Hier bleiben Erwählung und Verstockung, die Rettung aus dem Untergang und das Untergehen in der Versuchung das absolute Geheimnis des Ratschlusses Gottes. Es kann zu einem dunklen Geheimnis werden, das sich auf das Gemüt vieler frommer Menschen wie eine Last gelegt hat. Doch es nützt nichts, dieses Geheimnis zu leugnen. Wenn Gott er selbst bleiben soll, dann kann nichts - auch nicht das Dunkle und Unverständliche - aus dem Ratschluß seines Willens herausfallen.

Wir können das Geheimnis nicht lösen, aber wir müssen uns immer wieder klar machen, wer der ist, in dessen Händen unser Geschick liegt. Es ist Gott, den wir die Liebe nennen. Die dunkle Bitte um die Bewahrung vor der Versuchung richten wir nicht an eine anonyme Schicksalsmacht, sondern an den, den wir am Anfang des Vaterunsers unseren Vater nennen.

Als Paulus bei der Betrachtung des Geheimnisses der Erwählung und Verwerfung Israels zum Ende kommt, schließt er nicht mit einer Äußerung der Resignation, sondern mit einem Ausruf der Bewunderung. *"O Tiefe des Reichtums und der Weisheit und der Erkenntnis Gottes! Wie unerforschlich sind seine Gerichte und wie unergründbar seine Wege ... Von ihm und durch ihn und auf ihn zu sind alle Dinge. Ihm sei die Herrlichkeit in Ewigkeit. Amen"* (Röm 11,33/6).

9. *"Sondern erlöse uns von dem Bösen!"*

I.

Wir kommen zum Ende unserer Vaterunser-Betrachtungen mit der siebten und letzten Bitte: *"Erlöse uns von dem Bösen!"* Sie ist mit der vorhergehenden Bitte eng verbunden durch ein "sondern": *"Führe uns nicht in Versuchung, sondern erlöse uns von dem Bösen"*. Lukas in seiner kürzeren Vaterunser-Fassung hat diese letzte Bitte ausgelassen, denn sie stellt so etwas wie die Kehrseite der Versuchungsbitte dar. Augustinus meint: Gott erlöst uns von dem Übel, wenn er uns vor der Versuchung bewahrt. Man könnte sogar sagen, die letzte Bitte sammelt noch einmal alle anderen Bitten des Vaterunsers in eins zusammen: Wenn Gottes Name geheiligt sein wird, sein Reich angekommen ist, sein Wille geschieht, wenn wir unser tägliches Brot und alles, was damit gemeint ist, in reicher Fülle haben, uns verziehen wird und wir unseren Nächsten vergeben, wenn es keine Versuchung mehr gibt, dann ist die Welt befreit von allen Übeln und vom Bösen.

So könnte man mit Fug und Recht interpretieren. Wir haben ja schon häufiger bemerkt, wie das Vaterunser kein Zufallsgebet ist, das so und auch ganz anders lauten könnte, kein Gebet, das einfach eine

Anzahl Bitten aneinanderreiht, sondern daß es unser Grundverhältnis zu Gott und zum Mitmenschen zum Inhalt hat. Genauso haben wir aber auch gesehen, daß es sich lohnt, den besonderen Akzenten der einzelnen Bitten nachzuspüren und ihren gedanklichen Reichtum zu entfalten. So gibt es auch zur letzten Bitte einiges zu bedenken.

II.

Es beginnt damit, daß in den verschiedenen Übersetzungen das entscheidende Wort der Bitte unterschiedlich wiedergegeben wird: manchmal mit Übel - so lautete die Übersetzung noch in der Liturgie bis zum 2. Vatikanischen Konzil - oder - wie wir es heute gewöhnt sind - mit Böse. Die verschiedene Wiedergabe ist möglich, weil Übel und Böse in den biblischen Sprachen auf dasselbe Wort zurückgehen. Noch im Lateinischen bedeutet *malum* Übel und Böses in jeglicher Form. Im Deutschen unterscheiden wir: Wenn wir Übel sagen, dann meinen wir vornehmlich ein physisches, ein naturgegebenes Übel. Eine Krankheit z.B. ist so verstanden ein Übel, aber nichts Böses. Wenn wir dagegen das allgemeine *malum* mit Böse übersetzen, dann meinen wir damit etwas Moralisches, was zum Bereich der Ethik, nicht zur Natur gehört. Eine Lüge z.B. ist in diesem Sinn kein Übel, sondern etwas Böses. Ein Übel ist meistens ein Zustand, das Böse eine Tat, eine Handlung.

Und noch eine Unbestimmtheit steckt in der Bitte um die Erlösung von dem Bösen. Ist mit dem Bösen das Böse oder der Böse gemeint? Vordergründig wohl das Böse, wobei aber nicht vergessen werden darf, daß dem Teufel noch Macht gegeben ist auf Erden, die Verbreitung des Bösen zu betreiben. Worum also bitten wir in der letzten Vaterunser-Bitte?

Ganz eindeutig um die Befreiung von allem, was wir insgesamt unter Übel und Bösem verstehen. Denn wie sollten wir nicht darum bitten dürfen, daß wir einzeln und alle zusammen von den Übeln der Welt verschont werden, daß sie sogar einmal ganz verschwinden: die Krankheiten, der Hunger, der Krieg, der Tod. Aber selbstverständlich bitten wir auch um die Bewahrung vor dem Bösen, dem Haß, der Feindschaft, vor Kränkungen und Verleumdungen, vor Habgier und jeder Form von Ungerechtigkeit.

Die alten Sprachen, die nicht zwischen Übel und Bösem unterscheiden, gehen wohl davon aus, daß beide miteinander zu tun haben und einander bedingen. Das zeigt sich auch in unserer eigenen Erfahrung. Der Krieg ist gewiß ein Übel schlimmsten Ausmaßes, aber er bricht nicht urplötzlich über Völker und Länder herein; seine Wurzeln gründen im Bösen. Wir erkennen heute - vielleicht deutlicher als früher -, daß dieser Zusammenhang zwischen Übel und Bösem, zwischen Verhängnis und Bosheit auf vielen Gebieten besteht: Raubbau an der Natur zerstört die Umwelt und führt zu Naturkatastrophen, Sucht zerstört die Gesundheit. Viele Beispiele ließen sich ergänzen.

Die Theologie hat aus diesen Erfahrungen den Schluß gezogen, daß ein grundsätzlicher Zusammenhang besteht zwischen Übel und Bösem in jeglicher Form, auch dort wo wir ihn auf den ersten Blick nicht zu sehen vermögen. Schon Paulus bezeugt diesen Zusammenhang im Römerbrief: Die ganze Schöpfung seufzt und liegt in Wehen, sie ist der Vergänglichkeit unterworfen, aber nicht naturnotwendig, sondern durch den, der sie unterworfen hat, d.h. durch den in die Schuld der Sünde verstrickten Menschen. Für Paulus ist der Zustand der Welt, so wie er sich darstellt, nicht gottgewollt. Auch die Natur soll erlöst und befreit werden von den Übeln. Gott gab ihr die Hoffnung, in die Herrlichkeit der Kinder Gottes zurückversetzt zu werden (Röm 8,18/21). Paulus spielt hier auf den schwer durchschaubaren Zusammenhang zwischen der Sünde des Menschen und der gefallenen Natur an, die der Mensch durch seinen Ungehorsam mit in das Verderben gerissen hat.

Gott, dessen Wille im Himmel wie auf Erden nicht mit Zwang durchgesetzt werden sollte, der Geschöpfe nach seinem Bild und Gleichnis schuf, die die göttliche Gabe der Freiheit erhalten hatten, gab Engeln und Menschen Raum für die eigene Entscheidung. Warum sie, warum Luzifer und Adam die Freiheit mißbraucht und eine Unheilsgeschichte in Gang gesetzt haben, die der Heilsgeschichte entgegenläuft, können wir nicht beantworten.

Wir erleben nur die Folgen, welche die ganze Welt- und Menschheitsgeschichte durchziehen, nachdem Sünde und Tod von Adam auf alle Menschen übergegangen sind. Viele einzelne Sünden kommen zusammen, viel Einzelschuld türmt sich auf, so daß wir uns selbst, die Menschheit, ja die ganze Schöpfung nur noch gestört und zerrissen erleben. Auch wenn wir uns bemühen, Übel und Böses zu meiden, wir spüren zutiefst, daß die Erlösung von dem Bösen im umfassenden Sinn, nicht in unserer Macht steht.

III.

Um diese Erlösung müssen wir bitten; es ist die Menschheitsbitte überhaupt. Es ist eine Bitte, die zu Ende gedacht, gar nicht mehr innerhalb dieser Weltzeit angesiedelt ist. Sie richtet sich auf das Ende der Welt, wenn Christus wiederkommt, um die Schöpfung von der Sünde und der Verderbnis des Todes zu befreien - wie wir im vierten Kanongebet beten. Das Böse hat ein solches Maß erreicht und das gute Werk der Schöpfung Gottes so bis in die Wurzel getroffen, daß die Heilung erst geschehen kann, wenn Gott sie durch den Gehorsam seines Sohnes in Tod,

Auferstehung und Gericht wieder mit seinem heiligen Willen verbindet.

Die letzte Bitte des Vaterunsers umfaßt alles, was uns quält und belastet in dieser Welt und in dieser Zeit, und übersteigt sie zugleich, indem sie sich auf das richtet, was erscheint, wenn das Ende der Welt kommt. Wobei Ende der Welt nicht den Weltuntergang meint oder sonst ein astrophysikalisches Ereignis, sondern die Wiederkunft Christi. Die Bitte um die Befreiung von allen Übeln und allem Bösen wird sich erfüllen, wenn Gott nach Schöpfung und Erlösung noch einmal eingreift und seinen Heilsratschluß vollendet, wenn er noch wunderbarer erneuert, was er wunderbar erschaffen hat.

So hat die letzte Vaterunser-Bitte einen starken eschatologischen, d.h. einen stark endzeitlichen Klang. Er klingt nach in dem Gebet, das der Priester in der heiligen Messe an das Vaterunser anschließt, wenn er spricht: *"Erlöse uns Herr, allmächtiger Vater, von allem Bösen und gib Frieden in unseren Tagen. Komm uns zu Hilfe mit deinem Erbarmen und bewahre uns vor Verwirrung und Sünde, damit wir voll Zuversicht das Kommen unseres Erlösers Jesus Christus erwarten"*. Schon jetzt bitten wir um Frieden in unseren Tagen; wir bitten darum, nicht hier und heute in Verwirrung und Sünde zu versinken, damit wir zuversichtlich bleiben können. Denn nicht schon jetzt wird unsere Bitte voll erhört, sondern erst wenn Christus kommt.

Wenn wir beten: Erlöse uns von dem Bösen, dann rufen wir zugleich mit den Worten der Apokalypse: *"Komm Herr Jesus"* (Offb 22,20). Auch wenn uns das ganze Ausmaß dieser Bitte nicht immer bewußt ist, es ist immer mit gemeint, genau so wie in den vielen Gebeten, die überall auf der Erde von Menschen zu ihrem Gott gesandt werden, mögen sie es nun wissen oder nicht. Die ganze Kreatur, die seufzt und harrt und in Wehen liegt, von der Paulus im Römerbrief sprach, ruft: *"Erlöse uns von dem Bösen!"*

Romano Guardini beendet seine Vaterunser-Auslegung mit folgenden Sätzen: In dem *"Erlöse uns von dem Bösen"*, ruft das Tiefste im christlichen Bewußtsein, "welches weiß, daß die Welt nicht ausgebessert, nicht optimistisch zum Guten gewendet werden kann. Was geschehen ist, hat unausdenkliches Maß. Was Gott dagegen eingesetzt hat, hat das Maß seiner Liebe. Die unendliche Katastrophe der Sünde, die Furchtbarkeit der Verkettung des Bösen und des Übels durch die Geschichte hindurch - nachdem der Mensch, einzelner und alle getan haben, was sie dagegen tun können, bricht das Bewußtsein durch, daß Gott allein wahrhaft 'etwas tun' kann, und es bricht das Verlangen durch, daß kommen möge, was alles, nicht etwa nur zum Guten wenden, sondern ins Neue führen kann: das Ende, welches der Durchbruch des Ewigen ist".

Legen wir ruhig alle unsere Nöte, Ängste, Sorgen, unsere persönlichen Wünsche und Hoffnungen hinein, wenn wir beten: *"Erlöse uns von dem Bösen!"* Vergessen wir nicht alle die anderen in ihren Bedrängnissen, und vertrauen wir darauf, daß unsere Bitte einmal in einem ungeahnten Maß erfüllt werden wird von dem, der auf dem Throne sitzt und spricht: *"Seht ich mache alles neu!"* (Offb 21,5).

10. *"Denn dein ist das Reich ..."*

I.

Seit der Liturgiereform des 2. Vatikanischen Konzils wird in der Eucharistiefeier - aber auch sonst häufig - an das Vaterunser noch ein kurzes Lobgebet angeschlossen: *"Denn dein ist das Reich und die Kraft und die Herrlichkeit in Ewigkeit. Amen"*.

Lange Zeit war diese Vaterunser-Ergänzung nur in der Gebetstradition der Evangelischen Kirche zuhause. So hat ihre Übernahme in die Liturgie heute einen willkommenen ökumenischen Effekt. Obwohl das kurze Gebet an sich keine reformatorische Erfindung ist und keinen kontroverstheologischen Akzent besitzt. Es ist viel älter und reicht buchstäblich bis in die apostolische Zeit zurück.

In der Didache (vgl. o. S. 4), die mehrere Hinweise zum Gottesdienst und zur Sakramentenspendung enthält, lautet eine Anordnung über das christliche Beten: *"Betet nicht wie die Heuchler* - damit sind die Pharisäer und die Juden gemeint -, *sondern wie es der Herr in seinem Evangelium befohlen hat, so betet: Unser Vater im Himmel"*. Es folgt dann das Vaterunser, wie es im Matthäusevangelium in der längeren Fassung überliefert ist, d.h. so wie wir es heute beten. Der Schluß in der Didache lautet dann: *"Und führe uns nicht in Versuchung, sondern bewahre uns vor dem Bösen. Denn dein ist die Kraft und die Herrlichkeit in Ewigkeit. Dreimal am Tag sollt ihr so beten"*. Dann folgt ein neuer Abschnitt mit Anordnungen für die Eucharistiefeier.

Man nennt ein solches kleines Lobgebet, mit dem gern längere Gebete oder liturgische Texte abgeschlossen werden, eine Doxologie. *Doxa* bedeutet im Griechischen Herrlichkeit und *logos* bedeutet Wort. Eine Doxologie ist also die feierliche Anrufung der Herrlichkeit Gottes. Es gibt sie schon im Alten Testament. Von dort sind sie in großer Zahl in die Schriften des Neuen Testamentes eingegangen. Paulus z.B. schließt den Römerbrief mit einer Doxologie: *"Ihm, dem einen, weisen Gott, sei Ehre durch Jesus Christus in alle Ewigkeit Amen"*. Eine schöne Doxologie findet sich in der Apokalypse. Sie lautet: *"Amen! Lob und Herrlichkeit, Weisheit und Dank, Ehre und Macht und Stärke ist unserem Gott in alle Ewigkeit"* (7,12).

Weit verbreitet sind Doxologien vor allem in der Liturgie. Mit einer sehr feierlichen Doxologie beendet der Priester das Eucharistische Hochgebet. *"Durch Christus und mit ihm und in ihm ist Dir, Gott, allmächtiger Vater, in der Einheit des Heiligen Geistes alle Herrlichkeit und Ehre jetzt und in Ewigkeit"*.

Doxologien können an den Vater, an Christus oder an die Dreifaltigkeit insgesamt gerichtet sein. Die bekannteste und wohl am häufigsten gesprochene trinitarische Doxologie ist das *"Ehre sei dem Vater ...*, mit dem wir z.B. das Rosenkranzgebet gliedern oder die einzelnen Psalmen beschließen.

Wenn man einmal darauf achtet, stößt man allenthalben auf diese Gebetsform. Viele unserer Lieder enden mit einer Doxologie. Ich erinnere nur an die letzte Strophe des Liedes "Nun lobet Gott im hohen Thron." *"Lob sei dem Vater und dem Sohn, dem Heilgen Geist auf gleichem Thron, im Wesen einem Gott und Herrn, den wir in drei Personen ehren"*.

Diese Häufigkeit ist nicht verwunderlich. Gottes Lob zu verkünden, seine Größe und Herrlichkeit zu bezeugen ist neben Bitte und Dank Inhalt allen Betens. Verständlich, daß das offizielle liturgische Gebet der Kirche diesen Lobpreis immer wieder aufgreift. Dic Liturgie der Kirche ahmt damit nach, was in der himmlischen Liturgie geschieht: Lobpreis Gottes auf dem himmlischen Thron und die Anbetung des Lammes.

II.

Die Doxologie am Ende des Vaterunsers spricht vom Reich, von der Kraft und der Herrlichkeit Gottes. Man kann die drei ersten Bitten des Vaterunsers sich darin widerspiegeln sehen. Um das Kommen des Reiches bittet auch das Gebet des Herrn; die Kraft entspricht der Allmacht Gottes, mit der sein Wille im Himmel wie auf Erden geschehen wird; die Herrlichkeit schließlich erscheint in der Verherrlichung und Heiligung seines Namens. Was im Vaterunser in die Form von Bitten gekleidet ist, wird in der Doxologie zum Gegenstand des Lobpreises.

Das Reich, die Kraft und die Herrlichkeit! Die drei Ausdrücke erinnern an die Versuchung Jesu durch den Teufel. Der hatte Jesus auf einen hohen Berg geführt und ihm alle Reiche der Welt gezeigt mitsamt ihrer ganzen Herrlichkeit. Und er sagte zu Jesus: *"All die Macht und die Herrlichkeit dieser Reiche will ich dir geben; denn sie sind mir überlassen, und ich gebe sie, wem ich will. Wenn du dich vor mir niederwirfst und mich anbetest, wird dir alles gehören"* (Lk 4,6f).

Reiche, Macht und Herrlichkeit! Was sich der Teufel betrügerisch angeeignet hat, gibt Jesus im Vaterunser seinem Vater zurück, dem sie in Wahrheit gehören, auf daß Gott sei alles in allem (1 Kor 15,28).

III.

Damit sind wir an das Ende unserer Überlegungen über das Vaterunser angekommen. Seit bald 2000 Jahren wird es nun schon gebetet. Wie oft es in dieser Zeit gesprochen worden ist - wir können es uns nicht vorstellen. Wieviele Menschen mögen in dieser langen Zeit mit äußerster Dringlichkeit, mit grenzenlosem Vertrauen, in tiefer Not, aber auch in froher Gemeinschaft diese Worte gesprochen haben. Das Vaterunser ist ein Phänomen, das wohl einmalig in der Welt- und Religionsgeschichte dasteht. Es ist ein Gebet ohne Abnutzungserscheinungen; die Zeit ist spurlos an ihm vorbeigegangen. Es ist nicht unmoderner oder weniger aktuell als an dem Tag, an dem Jesus es seine Jünger zu beten gelehrt hat.

Hat es aber auch etwas bewirkt? Hat sich die Situation der Welt und der Menschen gegenüber damals in irgendeiner Weise verändert? Hat das viele Bitten geholfen? Äußerlich gesehen nicht, im Glauben betrachtet schon.

Das Gebet des Herrn ist seinem Ursprung nach aus dem Geist jüdischer Frömmigkeit geboren. Jesus, der es seine Jünger zu beten gelehrt hat, war ja selbst ein frommer Jude. Wenn man die einzelnen Bitten betrachtet, könnten es die Juden mit uns zusammen beten. Es steht kein Wort darin, das jüdischem Glauben oder jüdischem Empfinden widersprechen müßte! Auch dies eins der Wunder dieses christlichsten aller Gebete: Daß es in keiner Weise und mit keinem Buchstaben die Würde Israels schmälert. Nur einen Unterschied gibt es im gläubigen Verständnis zwischen Juden und Christen. So sehr wir auf die Erfüllung der sieben Bitten hoffen, wir wissen, daß sie nicht nur zukünftig ausgerichtet sind, sondern sich in Christus zugleich schon erfüllt haben. Gottes Reich kommt nicht nur; es ist auch schon da. Genauso wie die Vergebung der Schuld und die Erlösung vom Bösen der Sünde sich schon ereignet haben und sich täglich neu ereignen, auch wenn ihre Vollendung noch aussteht. Denn Jesus hat uns das Vaterunser nicht nur als ein Gebet geschenkt, das in die Zukunft gerichtet ist. In Christus und in seinem Gehorsam am Kreuz hat uns der Vater durch den Heiligen Geist und in der Gemeinschaft der Kirche zwar anfangshaft und noch verhüllt die Erfüllung unserer Bitten schon gewährt. Darauf weist uns die Lesung am Christkönigssonntag hin. Wir sollen dem Vater danken, denn *"er hat uns der Macht der Finsternis entrissen und in das Reich seines geliebten Sohnes aufgenommen. In ihm haben wir die Erlösung, die Vergebung der Sünden. Er ist das Ebenbild des unsichtbaren Gottes … Denn Gott wollte mit seiner ganzen Fülle in ihm wohnen, um durch ihn alles zu versöhnen und alles auf Erden und im Himmel [wie im Himmel so auf Erden] zu Christus zu führen, der Frieden gestiftet hat durch das Blut seines Kreuzes"* (Kol 1,14/20).

Mit dieser Zusage haben wir die im eigentlichen Sinn christliche Tiefe des Vaterunsers erreicht. Christus, der uns die Bitten gelehrt hat, schenkt uns zugleich ihre Erfüllung. Neben dem Vater, dem das Reich und die Kraft und die Herrlichkeit ist in alle Ewigkeit, thront Christus, das Lamm, das geschlachtet worden ist. Johannes, der auf der Insel Patmos die himmlische Herrlichkeit schauen durfte, bekennt: *"Und alle Geschöpfe im Himmel und auf der Erde, unter der Erde und auf dem Meer, alles, was in der Welt ist, hörte ich sprechen: Ihm, der auf dem Thron sitzt, und dem Lamm gebühren Lob und Ehre und Herrlichkeit und Kraft in alle Ewigkeit. Und die vier Lebewesen sprachen: Amen. Und die vierundzwanzig Ältesten fielen nieder und beteten an"* (Offb 5,13f).

Literatur

M. Brocke u.a., Das Vaterunser. Gemeinsames Beten von Juden und Christen (Freiburg 1974).

W. Fenske, "Und wenn ihr betet ..." (Göttingen 1996).

M. Gielen, "Und führe uns nicht in Versuchung". Die 6. Vater-Unser-Bitte - eine Anfechtung für das biblische Gottesbild? : ZNW 89 (1998) 201-216.

R. Guardini, Das Gebet des Herrn (Mainz ^{5}1990).

A. Hamman, Le Notre Père dans la catéchèse des pères de l'église : Maison Dieu 85 (1966) 41/68.

Ph. B. Harner, Understanding the Lord's Prayer (Philadelphia 1975).

E. Lohmeyer, Das Vater-Unser (Göttingen ^{2}1962).

R. Schneider, Das Vaterunser (Freiburg ^{6}1957).

K. B. Schnurr, Hören und Handeln. Lateinische Auslegungen des Vaterunsers in der Alten Kirche bis zum 5. Jahrhundert (Freiburg/Basel 1985).

H. Schürmann, Das Gebet des Herrn (Leipzig ^{6}1981).

M. B. von Stritzky, Studien zur Überlieferung und Interpretation des Vaterunsers in der frühchristlichen Literatur = Münsterische Beiträge zur Theologie 57 (Münster 1989).